Klaus Göhring

Das Rheintal aus der Luft
Eine spektakuläre Reise von Koblenz nach Köln

Klaus Göhring, Das Rheintal aus der Luft. Eine spektakuläre Reise von Koblenz nach Köln

Copyright © 2015 Regionalia Verlag GmbH, Rheinbach

Lektorat, Layout und Satz: Handverlesen GbR, Bonn
Cover- und Einbandgestaltung: Lydia Muhr für agilmedien, Niederkassel
Bildnachweis: alle Fotos Klaus Göhring
Abbildungen Buchumschlag:
Cover, großes Bild: Drachenfels, Fernsicht
Cover, kleines Bild: Blick auf das Siebengebirge
Rückseite: Koblenz, Deutsches Eck

Printed in Italy

ISBN 978-3-95540-146-7

www.regionalia-verlag.de

Inhalt

4 *Einleitung*

13 *Motorgleitschirmfliegen – Fragen und Antworten*

18 *Koblenz – die einzige Stadt an Rhein und Mosel*

32 *Zwischen Eifel und Westerwald*

52 *Burgen, Berge und Inseln – rheinabwärts bis zum Drachenfelser Ländchen*

62 *Drachenfels und Siebengebirge*

82 *Auf der Höhe Bonns zu beiden Seiten des Rheins*

104 *Landschaftsidylle, Weltkulturerbe und Industrie*

122 *Grafik aus der Luft: Linien und Strukturen*

nach 148 *Ortsbildregister mit Karte*

Einleitung

*Was kann wohl Närrischeres und Lächerlicheres erdacht werden,
als wenn man in der Luft fliegen, fahren oder schwimmen will.*

Georgius Agricola (1494–1555)

Nachdem Orville Wright am 17. Dezember 1903 der erste bemannte Motorflug mit einer Dauer von 12 Sekunden und einer Flugstrecke von 37 Metern gelungen war, setzte eine rasante Entwicklung in der Fliegerei ein. Der uralte Menschheitstraum vom Fliegen war plötzlich Realität geworden, aber selbst heute, über ein Jahrhundert danach, ist es für viele Menschen immer noch ein faszinierender Gedanke, sich in die Luft zu erheben.

Erst vor ein paar Jahrzehnten ist es gelungen, das vogelähnlichste Fliegen mit einem tragbaren und transportablen Fluggerät, mit dem man sich von einer ebenen Wiese aus in die Luft erhebt, in die Tat umzusetzen. Möglich wurde dies erst durch die Entwicklung modernster leichter Materialien. Nachdem sich aus dem Fallschirmsport das Gleitschirmfliegen entwickelt hatte, ging daraus wiederum das Motorgleitschirmfliegen hervor, das in Deutschland 1994 durch den Bundesminister für Verkehr zugelassen wurde. Dabei stellte es bei dieser Form des Fliegens anfänglich eine große Hürde dar, einen leichten, aber dennoch leistungsstarken und vor allem leisen Motorantrieb zu konstruieren. In Deutschland sind die Vorgaben diesbezüglich besonders streng. Mittlerweile sind sogar Elektromotoren auf dem Markt, deren Leistung aber schon nach etwa 20 Minuten erschöpft ist, während man mit Zweitaktmotoren bis zu drei Stunden in der Luft bleiben kann. Auf die weitere Entwicklung hin zu längeren Flugzeiten darf man gespannt sein – der Traum vom Fliegen wird weitergeträumt.

Fliegen ist Fliegen, so könnte man meinen. Aber das Flugerlebnis mit verschiedenen Fluggeräten unterscheidet sich so voneinander wie das Fahren mit einem Bus oder einem Motorrad. Sich mit einem Motorgleitschirm in die Lüfte zu erheben, ist so unerwartet anders, dass man es selbst mit dem motorlosen thermischen Gleitschirmfliegen nur bedingt vergleichen kann. Das Einzigartige ist, dass der Blick durch nichts behindert wird. Keine Tragfläche stört, kein Plexiglas, kein Propeller und keine Aluminiumverkleidung. Der Pilot schwebt frei im Luftraum und sieht sein Fluggerät gar nicht, wenn er es nicht will, wodurch er, mehr als bei jeder anderen Flugtechnik, einen ungehinderten Rundumblick hat. Er spürt sogar die unterschiedlich warmen Luftschichten und jede aufsteigende wärmere Luftblase beim Bremsen oder Beschleunigen. Mit einem Motorgleitschirm kann der Pilot mit dem Wind über Grund durchaus mehr als 70 km/h schnell werden. Aber dennoch bleibt es ein relativ langsames Fliegen, das sich daher gut für die Luftbildfotografie eignet. Früher war dies praktisch nur aus Flugzeugen oder Hubschraubern mit enormem Aufwand möglich. Aber auch hier geht die Entwicklung weiter. Kleine ferngesteuerte Drohnen könnten den Gleitschirm fliegenden Luftbildfotografen bald ablösen. Wer weiß, was die kommenden technischen Weiterentwicklungen bringen werden.

Unsere Generation ist die erste, die den Traum Leonardo da Vincis leben darf: Das ist ein ganz großes Geschenk!

Wenn du das Fliegen einmal erlebt hast,
wirst du für immer auf der Erde wandeln mit deinen Augen himmelwärts gerichtet,
denn dort bist du gewesen und dort wird es dich immer wieder hinziehen.

Leonardo da Vinci (1452–1519)

Zunächst aber ein paar Informationen zu den technischen Aspekten des Gleitschirmfliegens. Die erste Frage lautet bestimmt: Wie bekommt man ein ca. 20 Quadratmeter und 12 Meter breites Stück Stoff in die Luft? Der Start erfolgt wie bei jedem Fluggerät gegen den Wind, sonst könnte man die Abhebegeschwindigkeit nicht erlaufen. Also wird der Gleitschirm exakt entgegen der Windrichtung ausgelegt und die insgesamt etwa 460 Meter Fangleinen müssen sortiert werden, denn sie dürfen sich auf keinen Fall beim Start verheddern. Der Pilot, ausgestattet mit Motorantrieb auf dem Rücken und seinem Gurtzeug, klinkt sich mit Karabinern am Gleitschirm ein und positioniert sich genau in der Mitte des Schirms, indem er die Tragegurte rechts und links in den Händen hält und ganz leichten Zug auf die Fangleinen ausübt, um damit die Mitte zu ertasten. Der Motor wird gestartet und der Schirm dosiert mit gleichmäßigem Druck auf die Leinen hochgezogen. Unterstützt wird dieser Vorgang durch den Propellerschub. Der Gleitschirm darf nicht zu langsam, aber auch nicht zu schnell aufgezogen werden, damit er weder hinten hängenbleibt noch vornüberschießt. Ebenso darf er nicht nach rechts oder links ausbrechen, was einen Start verhindern würde.

Steht der Schirm nach wenigen Sekunden über dem Piloten, können noch leichte Korrekturen mit den Steuerleinen rechts und links durchgeführt werden, bevor der Pilot Gas gibt und je nach Windstärke mit wenigen Schritten oder bei geringerem Wind nach 20–30 Metern Startlauf abhebt. Da er sein hinter sich befindliches Fluggerät während des gesamten Startvorgangs nicht sehen kann, ist der Start reine Gefühlssache, weswegen keine allzu dicken Handschuhe getragen werden können. Es ist unabdingbar, in den Fingerspitzen zu spüren, »was der Schirm will« – um gegebenenfalls den Start in Sekundenbruchteilen abzubrechen.

Dieser komplizierte Vorgang kann hier nur skizziert werden. Als Alternative gibt es aber noch den sogenannten Rückwärtsstart: Der Pilot hängt sich dabei seitenverkehrt mit Blickrichtung zum Schirm ein und zieht diesen rückwärts auf. Sobald der Schirm über ihm steht, dreht er sich in Startrichtung um und gibt Gas. Bei dieser Startmethode hat der Pilot den Vorteil, den Gleitschirm während des Aufziehvorgangs sehen und sehr schnell Korrekturen über die Steuerleinen vornehmen zu können. Allerdings ist für diese Form des Startens etwas stärkerer Wind erforderlich.

Muss ein Start abgebrochen und wiederholt werden, wird es anstrengend für den Piloten. Allein der Motor wiegt vollgetankt etwa 40 Kilogramm. Zusätzlich ist man am Boden zunächst noch »zu warm« angezogen, benötigt aber wärmende Bekleidung, da die Temperatur pro 100 Meter Höhengewinn um fast ein Grad abnimmt und der Windchilleffekt sein Übriges tut.

Neben dem Fußstart gibt es aber auch die Möglichkeit, mit einem sogenannten »Trike« zu starten. Dabei sitzt der Pilot in einem dreirädrigen Fahrgestell auf Rädern und erspart sich damit das Tragen des Motors.

In Deutschland darf, anders als z. B. in Frankreich oder England, nur von Flugplätzen oder zugelassenen Startplätzen aus geflogen werden. Der Pilot benötigt eine Ultraleichtpilotenlizenz. Mit dieser dürfen Fluggeräte mit einem Gewicht bis zu 472,5 Kilogramm und nicht mehr als zwei Sitzen geflogen werden.

Gleitschirme können mit zwei Steuerleinen sehr genau gesteuert werden. Zieht der Pilot etwa die rechte dieser Leinen, die sich im oberen Bereich über die gesamte rechte Fläche verzweigt und ganz hinten befestigt ist, dann bewegt er die gesamte rechte Flügelhälfte im hinteren Bereich etwas nach unten. Dadurch wird diese Seite abgebremst und die linke Seite fliegt »schneller« — das Ergebnis ist eine Rechtskurve. Zieht man beide Steuerleinen, verliert der Schirm insgesamt an Geschwindigkeit. Irgendwann würde er so langsam werden, dass ein Strömungsabriss erfolgte und der Schirm zusammenfiele. Dieser Vorgang ist vergleichbar mit dem Anhalten eines Fahrrads: Bei zu langsamer Geschwindigkeit fällt man um. Aber man nutzt diesen Effekt beim Fliegen auch, um zu landen – dazu zieht der Pilot beide Steuerleinen kurz vor dem Aufsetzen ganz durch. Wichtig ist, dass gerade noch kein Strömungsabriss erfolgt, die Vorwärtsfahrt aber nahe null liegt. Eine Landung ist praktisch ein kontrollierter Absturz. Ließe man beide Steuerleinen los, flöge der Schirm selbstständig mit seiner Eigengeschwindigkeit von ca. 40 km/h weiter.

Motorgleitschirmfliegen ist sehr sicher. Geflogen wird in der Regel in der thermikarmen Zeit morgens oder abends. Sollte der Motor ausfallen, kann man problemlos weiterfliegen, wenn auch ständig sinkend – man sollte deshalb immer einen Außenlandeplatz im Auge haben. Der Motor hat nur die Aufgabe, die Energie zu liefern, die das Fluggerät benötigt, um sich auf der Höhe zu halten. Gibt man mehr Gas, wird der Motorgleitschirm nicht, wie man meinen könnte, schneller, sondern setzt die zusätzliche Energie in Höhe um.

Zu guter Letzt sollen auch die technischen Sicherheitsvorschriften erwähnt werden. Der Gleitschirm muss alle zwei Jahre von einem autorisierten Betrieb auf Veränderungen (Leinenlänge, Luftdurchlässigkeit, mechanische Beschädigungen usw.) überprüft werden, um das Risiko möglichst gering zu halten.

Mir persönlich war es immer ein Anliegen, nicht nur ausschließlich aus Freude an der Sache zu fliegen, sondern eine Aufgabe zu erfüllen und beim Fliegen ein Ziel zu haben. So entwickelte sich im Laufe der Jahre eine Fotosammlung, die mittlerweile zu einer immer umfangreicheren Dokumentation unserer Region geworden ist.

Unsere Kulturlandschaft unterliegt einer ständigen Veränderung, die wesentlich intensiver ist, als man sich das im Allgemeinen vorstellt. Es gibt etliche Luftaufnahmen aus der Region, die schon nach wenigen Monaten historischen Wert haben. Denn viele moderne Gebäude, die unsere Generation geschaffen hat, werden schon ein paar Jahrzehnte nach dem Bau wieder abgerissen, nachdem die Hypotheken gerade getilgt worden sind. Als Beispiel möge das Drachenfelsrestaurant genannt sein. Viele von früheren Generationen errichtete Gebäude hingegen, in solider Qualität gebaut, stehen heute unter Denkmalschutz und wurden zu hochwertigen Wohnanlagen, Museen usw. umgebaut. Vielleicht arbeiteten die Baumeister unter anderen Prämissen. Oder kann man sich vorstellen, dass ein heutiges Baumarktobjekt in hundert Jahren zu teuren Wohnungen umgebaut werden könnte?

Diese – teils kurz-, teils langlebigen – Veränderungen lassen sich aus der Luft viel anschaulicher dokumentieren als vom Boden aus. Ein Foto kann viel zeigen und aussagen, aber ein Luftbild übertrifft dies noch. Aus der Luft muss man sich oft dazu zwingen, das heute scheinbar Selbstverständliche und Belanglose zu fotografieren, denn viele dieser Aufnahmen erhalten erst in der Zukunft ihre Bedeutung. Eine Industriebrache erscheint heute nicht sehr fotogen und man könnte sie schnell übersehen. Jedoch ist es nach ihrer Bebauung und Neugestaltung wichtig, ein Zeitdokument zu besitzen, um die Veränderungen in der Region zu bebildern – und diese sind alles andere als langweilig.

Aber auch denkmalgeschützte Gebäude verändern teilweise ihr Aussehen in verblüffender Weise. Burgen werden saniert oder jahrzehntealter Bewuchs – wie am Rolandsbogen – wird entfernt, wodurch sich das Erscheinungsbild verändert. So wurde z. B. auch das teilweise unter Denkmalschutz stehende Drachenfelsrestaurant durch den neuen Anbau deutlich umgestaltet.

Dann gibt es noch die wunderschönen historischen Schlösser, Herrenhäuser und Wasserburgen. Es ist ein Genuss, solch herrliche Objekte von oben zu fotografieren: Erst aus der Vogelperspektive kann man ihre komplette Schönheit und Architektur erkennen. Diese Momente des Fliegens vergisst man über Jahre nicht, die Bilder verankern sich im Kopf und sorgen dafür, dass man von diesem Glücksgefühl noch lange zehren kann.

Ein Erlebnis ganz anderer Art, aber mit ähnlich erfüllender Wirkung, ist das seltene Glück, ein Stück parallel mit Wildgänsen fliegen zu können. Das gelingt allerdings nur kurz, weil die gefiederten Kollegen deutlich schneller sind als ein Gleitschirm. Auch flog einmal ein Bussard provozierend dicht vor mir her, bevor er wellenförmig vor mir abtauchte, so als habe er mir mitteilen wollen, ich möge ihm das erst einmal nachmachen …

Flüge hören nach der Landung also noch lange nicht auf – manchmal beginnen sie dann erst richtig. Als Flieger ist man sowieso immer mit einem Drittel seiner Gedanken im Himmel. (Vielleicht ist es sogar mehr als das, aber das würde ich nie zugeben.)

Zurück zum Thema. Neben den Juwelen, die ihre Schönheit aus der Vogelperspektive preisgeben, gibt es da noch die anderen historischen Objekte: völlig unansehnlich und vernachlässigt, heruntergekommen. Ein Beispiel hierfür ist Burg Bodendorf oder auch das Pleistalwerk bei Birlinghoven. So etwas soll man fotografieren? Lohnt sich doch nicht! Aber doch, genau diese Objekte sind es wert, fotografisch festgehalten zu werden. Denn während sich die intakten Bauten in der Regel nicht sehr wandeln, ist es bei den vernachlässigten unter ihnen genau umgekehrt: Sie verändern sich garantiert. Im ungünstigsten Fall verfallen sie weiter, bis sie im Extremfall völlig verschwunden sind. Im besten Fall werden sie gerettet und saniert. Was aber beide Fälle eint: Sie sind anschließend nicht wiederzuerkennen, und das macht es so wichtig, genau diese Objekte abzulichten. Unabhängig davon also, was man fotografiert: Luftaufnahmen sind immer spannend. Und wenn nicht sofort, dann in der Zukunft.

Ein ganz besonderes Naturschauspiel bietet sich bei der Inversionswetterlage, die sich dadurch auszeichnet, dass eine kalte Luftmasse von einer darüberliegenden warmen überdeckt wird; so ähnlich, als ob Öl auf Wasser schwimmen würde. Am Boden ist es kalt, böig und dunstig. So ungemütlich, dass man sich fragt, ob sich ein Flug überhaupt lohnen mag. Steigt man aber ein paar 100 Meter auf, ändern sich die Verhältnisse schlagartig: Es wird einige Grad wärmer, absolut ruhig, man genießt eine glasklare Sicht bis zum Horizont mit stahlblauem Himmel und strahlendem Sonnenschein. An der Grenzschicht bilden sich Dunst und Wolken. Das Ergebnis ist ein traumhafter Blick von oben. Wie mit dem Lineal gezogen die gleißend weiße Trennschicht zwischen warm und kalt; ein Geschenk für jeden Luftbildfotografen.

In bzw. aus der Luft zu fotografieren unterscheidet sich deutlich von Aufnahmen, die man am Boden macht. Die Distanz zum Objekt ist relativ groß, da man sich an die gesetzlichen Bestimmungen wie etwa die Mindestflughöhe zu halten hat und man meist im 45-Grad-Winkel fotografiert. Dabei wird man regelmäßig mit dem Dunst zu kämpfen haben. Die Kamera erfasst Dunstanteile, die das menschliche Auge nicht wahrnimmt. Und Dunst gibt es eigentlich immer; besonders dann, wenn das Wetter vermeintlich »schön« ist. Sobald mit der Kamera senkrecht im rechten Winkel nach unten fotografiert wird, tritt dieser Effekt aber fast nicht mehr auf. Die Senkrechtaufnahme ist übrigens eine fotografische Spezialität, die sich vom Gleitschirm aus gut umsetzen lässt. Gerade bei historischen Objekten wie komplexen Burganlagen, bei denen oft nur noch die Fundamente sichtbar sind, erhält man dadurch eine exakte »Karte«, die einem Architektenplan oder Grundriss gleicht.

Die digitale Fotografie und moderne Bildbearbeitungsprogramme haben die Möglichkeiten der **Luftbildfotografie** zudem enorm erweitert. Ausschnittvergrößerungen sind mit wenigen Mausklicks möglich. Aber bis dahin war es ein langer Weg – die nachstehende Übersicht gibt stichwortartig einen kurzen **Überblick der Disziplin**:

1839 entstand die Idee, aus der Luft zu fotografieren, man schrieb das Jahr der Erfindung der Fotografie. Die damalige Technik – beschichtete Glasplatten mussten minutenlang belichtet werden – verhinderte allerdings die Umsetzung in die Praxis.

1858 endlich ließ sich der Franzose Gaspard-Félix Tournachon seine Luftbildaufnahmetechnik patentieren. Er nutzte eine umgebaute Ballongondel.

Dezember 1858: Es entstanden die ersten echten Luftbilder aus einer Höhe von bis zu 500 Metern, u. a. von Paris, wenn auch noch in sehr schlechter Qualität.

13. Oktober 1860: An diesem Tag entstand die erste qualitativ gute und scharfe Luftaufnahme über Boston aus einer Höhe von 400 Metern. Die Kameras waren groß, schwer und unhandlich. Als Negative dienten Glasplatten, die mit Silbernitrat beschichtet waren und nach der Belichtung innerhalb von 20 Minuten entwickelt werden mussten. Aus diesem Grund führte man im Ballonkorb eine Dunkelkammer mit, um die Platten noch während der Fahrt weiterzuverarbeiten.

Die Bürgerinitiative »Umweltbildungszentrum Pleistalwerk e. V.« setzt sich dafür ein, aus dem alten Tonwerk zwischen Niederpleis und Birlinghoven ein Umweltbildungszentrum zu machen und das ehemalige Industriegelände so neu zu nutzen.

1869 bereits verzichtete man auf den Fotografen in der Luft: Der Amerikaner John A. Scott patentierte sein System unter dem Namen »Ophthalmos«. Er beförderte seine Kamera mit einem unbemannten Ballon, der an einer Leine geführt wurde, in die Luft. Die Belichtung erfolgte nach einer bestimmten Zeit automatisch. Der Franzose Arthur Batut ersetzte den Ballon durch preiswertere Drachen.

1898–1913 fertigte der Ballonfahrer Eduard Schweizer zahlreiche Luftaufnahmen beim Überqueren der Alpen an.

Um 1903 machte Julius Neubrunner erstmals »Flugbilder« mit der Hilfe von Brieftauben. Die Tauben wurden mit Miniaturkameras bestückt, die alle 60 Sekunden per Zeitverschluss belichteten. Diese Technik erlangte später im militärischen Bereich große Bedeutung.

1906: Prof. Dr. Albert Miethe macht die ersten farbigen Luftbilder. Er nutzte das »Farbauszugverfahren«: Drei Schwarzweißplatten wurden gleichzeitig mit verschiedenen Farbfiltern belichtet. Ebenfalls 1906 entstand die vermutlich erste archäologische Luftaufnahme: Leutnant P. H. Sharpe fotografierte die prähistorische Ruine von Stonehenge in England, eine Aufnahme, die zufällig während eines Übungsfluges aus einem Kriegsballon entstand.

Um 1910 wurden bereits die ersten Luftaufnahmen von einer unbemannten Rakete aus gemacht. Ein beim Start aktiviertes Uhrwerk löste die Kamera aus.

Ab 1910 dienten zunehmend Flugzeuge als Plattform für die Fotoausrüstung. Kriegsbedingt machte die Technik enorme Fortschritte und große Mengen von Luftbildern wurden angefertigt. Sie dienten u. a. als Grundlage für die Kartenherstellung.

1913 wurden in der Archäologie erstmals Drachen mit selbstauslösenden Kameras eingesetzt. Im Sudan dokumentierte Sir Henry Wellcome so seine Ausgrabungen. Diese Methode wird bei Grabungen heute noch eingesetzt.

Ab 1922 wurden Luftaufnahmen systematisch zur Erforschung unsichtbarer historischer Bodendenkmäler verwendet.

Seit den 1930er Jahren werden für militärische Zwecke Luftbilder von unbemannten ferngesteuerten Flugzeugen, den sogenannten Drohnen, durchgeführt.

Seit den 1980er Jahren sind Modellhelikopter für Fernseh- und Kinoproduktionen im Einsatz.

Im Oktober 1994 wurde das Motorgleitschirmfliegen zugelassen. Durch seine langsame Fluggeschwindigkeit und relativ geringe Kosten eignet es sich gut für das Fotografieren aus der Luft.

Soweit zu der ideenreichen Geschichte der Luftbildfotografie. Aber was nützt die beste Technik, wenn Landschaft und Bebauung nur mäßig interessante Motive hergeben? In dieser Beziehung lebt man zwischen Koblenz und Köln in einer begnadeten Gegend. Das sollte nicht als selbstverständlich hingenommen werden, sondern man sollte sich dessen immer wieder bewusst werden. Generell sind Landschaften mit Seen oder Flüssen ausgesprochen fotogen, denn in der Regel leben die Menschen hier seit Jahrtausenden, was sich nicht nur in der Kulturlandschaft, sondern auch in der Bebauung niederschlägt. Diese Anblicke kann man einfach nur genießen, aber sobald man sich mit der Geschichte der Gegend näher befasst, verändert sich die Sichtweise der Dinge zusätzlich.

Was man kaum vermutet: Die Region zwischen Koblenz und Köln ist die burgenreichste in Deutschland. Weit über zweihundert Burgen, Schlösser und Herrenhäuser sind dort zu finden. Manche Objekte zeigen bescheiden nur noch ihr Fundament und führen einen alten Namen. Andere dürfen mit dem Titel »Weltkulturerbe« glänzen. Die ganze Bandbreite ist zwischen Koblenz und Köln anzutreffen. Obwohl ich glaubte, die Gegend recht gut zu kennen, muss ich zugeben: Diese Vielfalt war mir nicht annähernd bewusst gewesen. Erst durch die Fliegerei habe ich viel Neues gefunden und es scheint kein Ende zu geben: Immer wieder entdecke ich eine Wasserburg oder Ähnliches, wovon ich zuvor keine Kenntnis hatte – das allerdings geht auch anderen Menschen so und deswegen werden die in diesem Band gezeigten Luftbilder sicher auch für einige Aha-Effekte sorgen können.

Doch nun zum Inhalt. Der in diesem Bildband dargestellte **Luftspaziergang** beginnt in Koblenz und führt die geschwungene Linie des Rheinstroms nach Norden bis vor die Tore Kölns. Dabei ist der Rhein der Protagonist, aber auch die vielen Kleinode, unbekannten Höfe, Burgen und Schlösser sollen gezeigt werden, die die vielfältige Kultur der Region repräsentieren. Dabei haben mich die Flüge im Westen bis in die Eifel hinein getragen, aber auch bis in den Westerwald im Osten.

Im Anschluss an die Reise folgt ein Kapitel, das die **Grafik** von Landschaften, Feldern und menschlichen Gestaltungen genießen lässt – ein anderer Blickwinkel auf die Dinge, aber nicht weniger schön.

Erst die Flugzeuge haben uns das wahre Gesicht der Welt gezeigt.
Antoine de Saint-Exupéry (1900–1944)

Rechte Seite: Die sogenannten »Bioherzen« bei Rauschendorf wurden von einer Arbeitsgruppe des »Fördervereins Lokale Agenda 21 Königswinter e.V.« angelegt und gepflegt. Sie verändern ihr Aussehen je nach Jahreszeit.

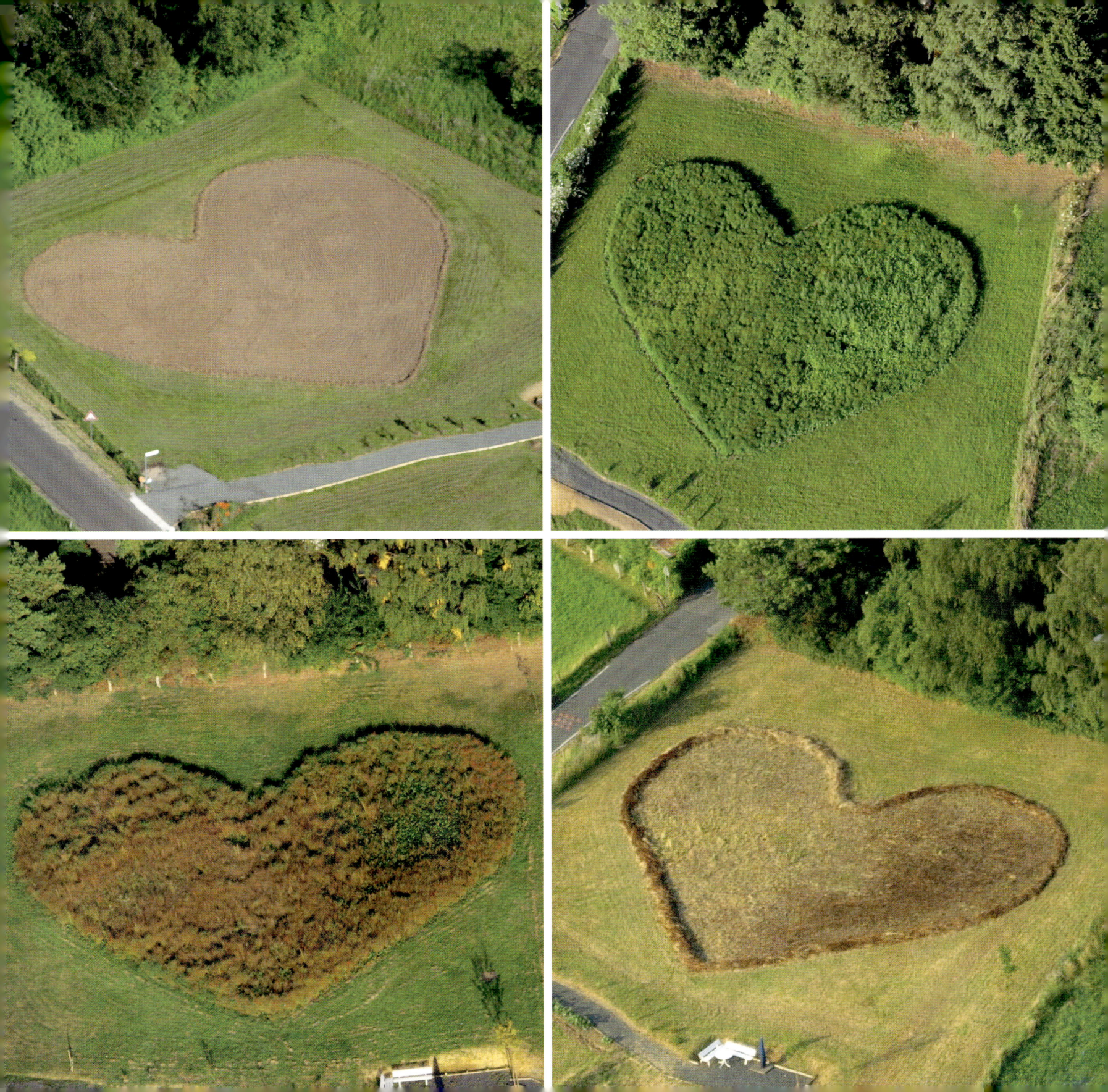

Motorgleitschirmfliegen
Fragen und Antworten

Was kostet eine Motorgleitschirmausrüstung?

Je nach Ausstattung des Motors (Elektrostarter, Titankäfig usw.) sind ca. 4 000–4 500 € zu veranschlagen. Dazu kommen noch ca. 500 € für die Rettung und ca. 250 € für das Gurtzeug. Für den Gleitschirm sind etwa 2 400 € und für den Flugfunk ca. 400 € zu bezahlen.

Wie sind die technischen Daten beim Motorgleitschirmfliegen?

Es gibt unterschiedliche Geräte, um Motorgleitschirmfliegen auszuüben. Die Daten eines Standardgerätes sind folgende: Zweitaktmotor, 210 ccm Hubraum, 16 PS, 1:50-Gemisch, 30 kg Gewicht (betankt ca. 40 kg), Schub ca. 55 kg, Verbrauch: ca. 3–4 l/h, Propellerdurchmesser 1,20 m.

Wo kann man Motorgleitschirm fliegen?

Auf Flugplätzen, die für Ultraleichtflugbetrieb zugelassen sind, kann man theoretisch auch Motorgleitschirm fliegen. Die Platzbetreiber lassen Motorgleitschirmpiloten aber oft nicht zu, da diese aufgrund ihrer Langsamkeit den übrigen Flugbetrieb etwas aufhalten.

Auf folgenden Flugplätzen ist das Fliegen in der rheinischen Region möglich: Mönchsheide, Weilerswist, Bad Neuenahr, Ailertchen, Dierdorf-Wienau und Eudenbach.

Wie sieht die Motorschirmausbildung aus?

Es sind 30 theoretische Unterrichtseinheiten vorgeschrieben. Für den praktischen Teil sind 30 Starts und Landungen sowie drei Überlandflüge von jeweils einer Stunde Dauer oder 30 km Strecke zu absolvieren. Bei idealen Wetterbedingungen kann man den praktischen Teil in einer Woche schaffen. Je nach fliegerischer Vorbildung verringern sich die Unterrichtseinheiten.

Die Kosten unterscheiden sich je nach Flugschule, man sollte aber – als Anhaltspunkt – mit folgenden Ausgaben rechnen: ca. 300 € für die theoretische Ausbildung und für den Praxisteil inklusive Leihausrüstung ca. 1 100 € (dies verbilligt sich natürlich mit einer eigenen Ausrüstung).

Die Motorschirmausbildung kann mit 16 Jahren begonnen werden. Eine Lizenz kann ab 17 Jahren erteilt werden.

Ist eine medizinische Untersuchung erforderlich?

Für fußstartfähige Gleitschirme benötigt man keine medizinische Untersuchung.

Wo kann man eine Motorgleitschirmausbildung machen?

Die Ausbildung bieten z. B. an:
- Knut Jäger, Harzer Gleitschirmschule, Amsbergstr. 10, 38667 Bad Harzburg, Tel. 05322/1415, Mail: info@harzergss.de, www.paracenter.com;
- Flugschule Mittelrhein, Klaus Kilian, Schloßstraße 28, 56170 Bendorf, Tel. 0171/9447830, Mail: info@flugschule-mittelrhein.de, www.flugschule-mittelrhein.de;
- Manuel Angstmann, UL-Flugschule Bergisches Land, Heidchen 9, 42929 Wermelskirchen, Tel. 02196/884051 oder 0172/2885623, Mail: info@ul-bergischesland.de, www.ul-bergischesland.de.

Welche laufenden Kosten fallen jährlich an?

Ein Motorgleitschirmflieger hat jährlich in etwa folgende Beiträge zu entrichten: Haftpflichtversicherung ca. 63 €, Gleitschirmcheck (alle zwei Jahre) ca. 145 €, Rettung packen ca. 25 €. Gegebenenfalls kommt noch der Mitgliedsbeitrag für den DULV von 51 € hinzu (Stand 2014).

Kann man einen eigenen Startplatz zulassen?

Nach § 25 LuftVG kann man die Zulassung eines eigenen Startgeländes beantragen. Zuständig ist in NRW die Bezirksregierung Düsseldorf, Postfach 300865, 40408 Düsseldorf, Tel. 0211/475-0.

In Rheinland-Pfalz wendet man sich an: Landesbetrieb Mobilität Rheinland-Pfalz, Referat Luftverkehr, 55483 Hahn Flughafen, Tel. 03543/5088-01, www.lbm.rlp.de.

Bis zur Zulassung kann ein Jahr vergehen, da die Genehmigung sehr komplex und individuell ist — Art und Lage des Geländes spielen beispielsweise eine große Rolle.

Kann man mit einem »Bergschirm« auch Motorgleitschirm fliegen?

Ja, man kann die Schirme variabel einsetzen. Die meisten Gleitschirme sind auch vom DULV zugelassen. Es gibt daneben aber auch reine Motorgleitschirme, die nur eine DULV-Zulassung haben.

Müssen Gleitschirme zum »TÜV«?

Auch wenn es spezielle Motorgleitschirme gibt, nutzen die meisten Piloten Schirme, die auch für das motorlose Fliegen zugelassen sind. Diese unterliegen einer zweijährigen Prüfpflicht, ebenso wie der Motor.

Kann auch bei starkem Wind geflogen werden?

Normalerweise startet ein Motorgleitschirmflieger bei Windgeschwindigkeiten von bis zu 15 km/h. Ein Start bei auch nur leichtem Rückenwind ist unmöglich, da die Abhebegeschwindigkeit nicht mehr erlaufen werden kann. Allerdings stellt es auch eine Schwierigkeit dar, bei Nullwind zu starten, da die hilfreiche Energie des Windes durch schnelleres Laufen ersetzt werden muss. Diese Einschränkung besteht nicht, wenn man mit einem Trike (ein dreirädriges Fahrgestell) fliegt. Ist man erstmal in der Luft, so darf die Windgeschwindigkeit auch höher sein. Da der Schirm aber eine Eigengeschwindigkeit von ca. 40 km/h hat, beträgt die Geschwindigkeit über Grund nur noch 10 km/h, wenn man gegen den Wind mit 30 km/h fliegt. Fliegt man mit dem Wind, so addieren sich die Werte: 40 km/h Eigengeschwindigkeit plus 30 km/h Windgeschwindigkeit ergeben 70 km/h Geschwindigkeit über Grund.

Wie hoch kann man mit einem Motorgleitschirm fliegen?

Beim Motorgleitschirmfliegen ist es weniger eine Frage des Könnens als des Dürfens, wie hoch man fliegt. Die maximale Höhe beträgt in Deutschland 1 500 Meter. Es sind aber die Luftraumstrukturen zu beachten, die diese Höhe oft nicht zulassen. So gibt es z. B. um internationale Flugplätze herum treppenförmige Höhenbegrenzungen, die strikt eingehalten werden müssen, um den Flugverkehr nicht zu gefährden. Es gibt auch Gebiete, in die überhaupt nicht geflogen werden darf. Dazu gehören die Kontrollzonen der großen Flugplätze, Gefahrengebiete wie Schießplätze der Bundeswehr oder Atomkraftwerke. Eine Verletzung der Luftraumstrukturen ist eine Straftat und kann sehr teuer werden.

Wie lange kann man mit einem Motorgleitschirm fliegen?

Die mögliche Flugdauer hängt vom Pilotengewicht, der Temperatur, der Luftdichte, dem Schirm und dem Motor ab. Ein ca. 80 kg schwerer Pilot kann mit einer Tankfüllung von 11 Litern ca. 3 Stunden fliegen.

Was passiert bei einer Baumlandung?

Eine Baumlandung kommt beim Motorgleitschirmfliegen nicht vor. Man hat während des Fluges immer einen Notlandeplatz im Auge, falls der Motor ausfallen sollte, was jedem Motorgleitschirmflieger irgendwann passieren wird. Der Notlandeplatz muss innerhalb des Gleitwinkelbereichs erreichbar sein. Auf einen Meter Sinken kommen ca. 6 Meter Vorwärtsfahrt. Aus 100 Meter Höhe kann man so noch ca. 600 Meter horizontal gleiten. Aber: Bei Gegenwind ist es entsprechend weniger und mit dem Wind mehr. Man wird also ohne ausreichende Höhe nie über große Waldgebiete oder Wasserflächen fliegen.

Wie lange kann ein Gleitschirm benutzt werden?

Gleitschirme altern durch UV-Einstrahlung, da die Beschichtung, die das Material weitgehend luftundurchlässig macht, angegriffen wird. Das Gleiche geschieht durch mechanische Belastung, z. B. beim Packen. Es hängt also davon ab, wie viel geflogen wird. Die durchschnittliche Lebensdauer eines Gleitschirms dürfte bei 5–8 Jahren liegen.

Ist Motorgleitschirmfliegen gefährlich?

Motorgleitschirmfliegen ist ungefährlicher als das thermische Fliegen. Der Grund: Man startet morgens oder abends in der thermiklosen Zeit. Etwas überspitzt gesagt kann man thermisches Fliegen mit einer Wildwasserfahrt in einem Boot vergleichen und Motorfliegen mit einer Bootsfahrt auf einem ruhigen See. Es gibt sehr wenige gravierende Motorschirmunfälle, die fast alle auf menschliches Versagen zurückzuführen sind.

Welcher Motorenhersteller ist empfehlenswert?

Ein empfehlenswerter Hersteller ist der Marktführer Fresh Breeze GmbH & Co KG, Langer Acker 11, 30900 Bissendorf, Tel. 05130/3769922, Fax 05130/3769944, Mail: fresh.breeze@t-online.de, www.fresh-breeze.de.

Ebenfalls stark am Markt vertreten ist die tschechische Firma Nirvana Systems s.r.o., Jatecni 523, CZ–760 01 Zlin-Prstne, Tel. +420 577 226 616, Mail: info@nirvana.cz, www.nirvana.cz. Ihre Produkte werden auch über verschiedene Flugschulen vertrieben.

Gibt es in unserer Region einen Verein mit Ultraleicht-Startplatz?

Über einen Ultraleicht-Startplatz verfügt der Drachen- und Gleitschirmfliegerclub Siebengebirge e. V., www.dgc-siebengebirge.de, Mail: info@dgc-siebengebirge.de.

Vorsitzender: Markus Scheid, Kolpingstr. 36, 53557 Bad Hönnigen, Mail: markus-scheid@t-online.de; Ultraleicht-Beauftragter ist der Autor dieses Buches: Klaus Göhring, Zur Marienkapelle 11, 53773 Hennef, Tel. 02248/5080 oder 0172/2958366, Mail: klaus-goehring@t-online.de.

Die Clubabende des DGC-Siebengebirge e. V. finden jeden zweiten Freitag im Monat um 19:30 Uhr im Hotel Strandcafé statt, Neustadter Str. 9, 53547 Roßbach/Wied, Tel. 02638/9339-0, www.strand-cafe.de.

Der Verein hat zurzeit ca. 180 Mitglieder, davon ca. 30 mit UL-Lizenz (alle Informationen zum Verein Stand 2014). Das Ultraleicht-Gelände liegt in der Nähe von Rahms, etwa 3 km von der Autobahnausfahrt Fernthal der A3 entfernt.

Ist Funk oder Flugfunk Pflicht?

Nein, eine Verpflichtung, Funk zu nutzen, besteht nicht. Auf Flugplätzen wird vom Halter aber oft Flugfunk verlangt.

Welche Messen gibt es für den Ultraleicht-Flug?

- Thermikmesse, 71065 Sindelfingen, Mahdentalstr. 116, jährlich im Februar, www.thermikmesse.de;
- Aero Friedrichshafen, jährlich im April, Neue Messe 1, 88046 Friedrichshafen, Tel. 07541/708-0, www.aero-expo.com.

Welche Ultraleicht-Veranstaltungen gibt es regelmäßig?

Zu nennen ist der Motorschirm Pokal, der alle zwei Jahre stattfindet. Der nächste Termin ist der 26.–28. Juni 2015 auf dem Flugplatz Ballenstedt in der Nähe von Quedlinburg. Dabei handelt es sich um das größte Motorschirmtreffen in Deutschland. Hier stellen auch viele Hersteller aus.

Gibt es einen Dachverband fürs Motorgleitschirmfliegen?

Der Dachverband der Ultraleichtflieger ist: Deutscher Ultraleichtverband e. V. (DULV), Mühlweg 9, 71577 Großerlach-Morbach, Tel. 07192/93014-0, Mail: info@dulv.de, www.dulv.de.

Wo bekomme ich noch zusätzliche Informationen?

- Schmidt, Friedrich: *Ultraleichtfliegen. Theorie und Praxis*, München 2013;
- Motorschirm-Magazin *Paramotor*, erscheint vierteljährlich, Thermik Verlag e. U., Stelzhamerstraße 18, A–4600 Wels, Tel.: +43(0)7242/45224-0, Fax: +43(0)7242/45224-22, www.thermik.at/paramotor.

Koblenz – die einzige Stadt an Rhein und Mosel

Unser Luftspaziergang beginnt in Koblenz, das 1992 sein 2000-jähriges Bestehen feierte. Damit gehört Koblenz als drittgrößte Stadt von Rheinland-Pfalz neben Köln und Bonn zu den ältesten Städten Deutschlands. Von der Festung Ehrenbreitstein bietet sich ein herrlicher Blick auf die Stadt und das Deutsche Eck, wo die Mosel in den Rhein mündet. Die seit dem 16. Jahrhundert bestehende Festung Ehrenbreitstein sollte nach dem Ersten Weltkrieg zerstört werden, was aber nie in die Tat umgesetzt wurde. Im Jahre 2011 war die Festung die historische Kulisse für die Bundesgartenschau – in diesem Zusammenhang wurde die Bausubstanz umfangreich saniert. Das Landesmuseum Koblenz und eine Jugendherberge befinden sich ebenfalls hier. Die zur Erschließung des über dem Rhein gelegenen Geländes gebaute Seilbahn ist die größte in Deutschland und sollte ursprünglich nach der Gartenschau wieder abgebaut werden; der Termin wurde aber auf das Jahr 2026 verschoben. Die Festung ist Teil des Welterbes »Oberes Mittelrheintal«, das sich mit einer Länge von 67 Kilometern bis nach Bingen erstreckt. Bei Koblenz hat der Rhein die Hälfte des Weges zur Nordsee hinter sich.

Rechts: Das »Deutsche Eck« in Koblenz ist so etwas wie das Herz der Stadt. Eine Rekonstruktion des Reiterstandbildes mit dem ersten deutschen Kaiser Wilhelm I. wurde 1993 eingeweiht.

Nächste Doppelseite: Blick auf Koblenz aus nördlicher Richtung mit dem Deutschen Eck und der Moselmündung. Auf der linken Seite die Festung Ehrenbreitstein.

Vorherige Doppelseite: Das Kurfürstliche Schloss in Koblenz hat durch die Umgestaltungsmaßnahmen im Rahmen der Bundesgartenschau sehr gewonnen. Es war die Residenz des Kurfürsten und Erzbischofs von Trier, Clemens Wenzeslaus von Sachsen (1739–1812).

Oben: Der Dikasterialbau, ein Nebengebäude des Schlosses Philippsburg unterhalb der Festung Ehrenbreitstein. Das Schloss selbst wurde 1801 infolge einer Sprengung so stark beschädigt, dass es abgerissen werden musste.

Rechte Seite: Detailansicht der Festung Ehrenbreitstein. An dieser Stelle befand sich ursprünglich die Burg Helfenstein aus dem 12. Jahrhundert, deren Ruinen beim Bau der Festung überbaut wurden.

Oben: Die zur Bundesgartenschau 2011 errichtete hölzerne Aussichtsplattform am Hang der Festungsanlage Ehrenbreitstein mit weitem Blick in das Rheintal wird auch nach der Schau von Koblenzern und Besuchern gerne genutzt.

Rechte Seite: Blick auf das Plateau der Festung Ehrenbreitstein. Rechts die »Bergstation« der Seilbahn, die über den Rhein in die Altstadt von Koblenz führt. Sie hat eine maximale Förderkapazität von 7 600 Menschen pro Stunde. Viele Koblenzer wollen auf dieses Verkehrsmittel nicht mehr verzichten.

Oben: Niederwerth aus südlicher Richtung. Auf dieser Rheininsel befindet sich die einzige selbstständige deutsche Flussinselgemeinde.

Linke Seite: Die unbewohnte Insel Graswerth ist ein Naturschutzgebiet und 2,6 Kilometer lang. Über die Insel führt die Bendorfer Brücke mit der Autobahn A 48. Die Brücke hat eine Spannweite von 208 Metern. Das war zum Zeitpunkt des Baus im Jahr 1965 Weltrekord.

Zwischen Eifel und Westerwald

Die Eifel ist vulkanischen Ursprungs und, geologisch gesehen, noch »jung«. Die letzten Ausbrüche fanden vor etwa 11 000 Jahren statt. Selbst heute noch ist das Gebiet vulkanisch aktiv, was sich zum Beispiel durch Ausgasungen am Laacher See zeigt. Von den im vorigen Jahrhundert zahlreich betriebenen Basaltsteinbrüchen sind heute nur noch wenige in Betrieb; sie lieferten Steine, unter anderem für den Bau des Kölner Doms. Der Tuffstein wiederum war begehrt für den Backofenbau. Sowohl für die Eifel als auch für den östlich des Rheins gelegenen Westerwald diente der Fluss als günstiger Transportweg. Diese Gegenden westlich und östlich, aber abseits des Rheins waren früher wirtschaftlich schwach, da Landwirtschaft aufgrund des rauen Klimas nicht sehr einträglich war: Das war ein Grund, weshalb der weltberühmte Nürburgring in der Eifel gebaut wurde.

Linke Seite: Detailansicht der in Privatbesitz befindlichen Burg Eltz aus dem 14. Jahrhundert, die nie erobert wurde. Begehrt war sie bis vor wenigen Jahren von vielen Bürgern – zierte sie doch die Rückseite des Fünfhundert-DM-Scheins.

Diese Seite: Blick auf Aremberg in der Eifel. Auf dem Berg links befand sich eine große Burganlage, die einstmals als uneinnehmbar galt. Aus den Steinen der Ruine wurde ein Aussichtsturm errichtet, der mittlerweile von Bäumen überragt wird.

Oben: Die 978 Meter hoch gelegene Nürburg bei Adenau, die der berühmten Rennstrecke ihren Namen gab. Die Burg wurde 1689 von französischen Truppen stark beschädigt, dann aber von den Preußen teilweise restauriert.

Unten: Die 1995 auf dem Nürburgring erstellte Mercedes-Benz-Tribüne mit 5 000 überdachten Sitzplätzen.

Rechte Seite: Rudolf Caracciola, geboren in Remagen am Rhein, gewann auf dem Nürburgring mit einem Mercedes S im Jahr 1927 das Eröffnungsrennen. Hier ist der neue Teil der Rennstrecke zu sehen. Im Hintergrund die Nürburg.

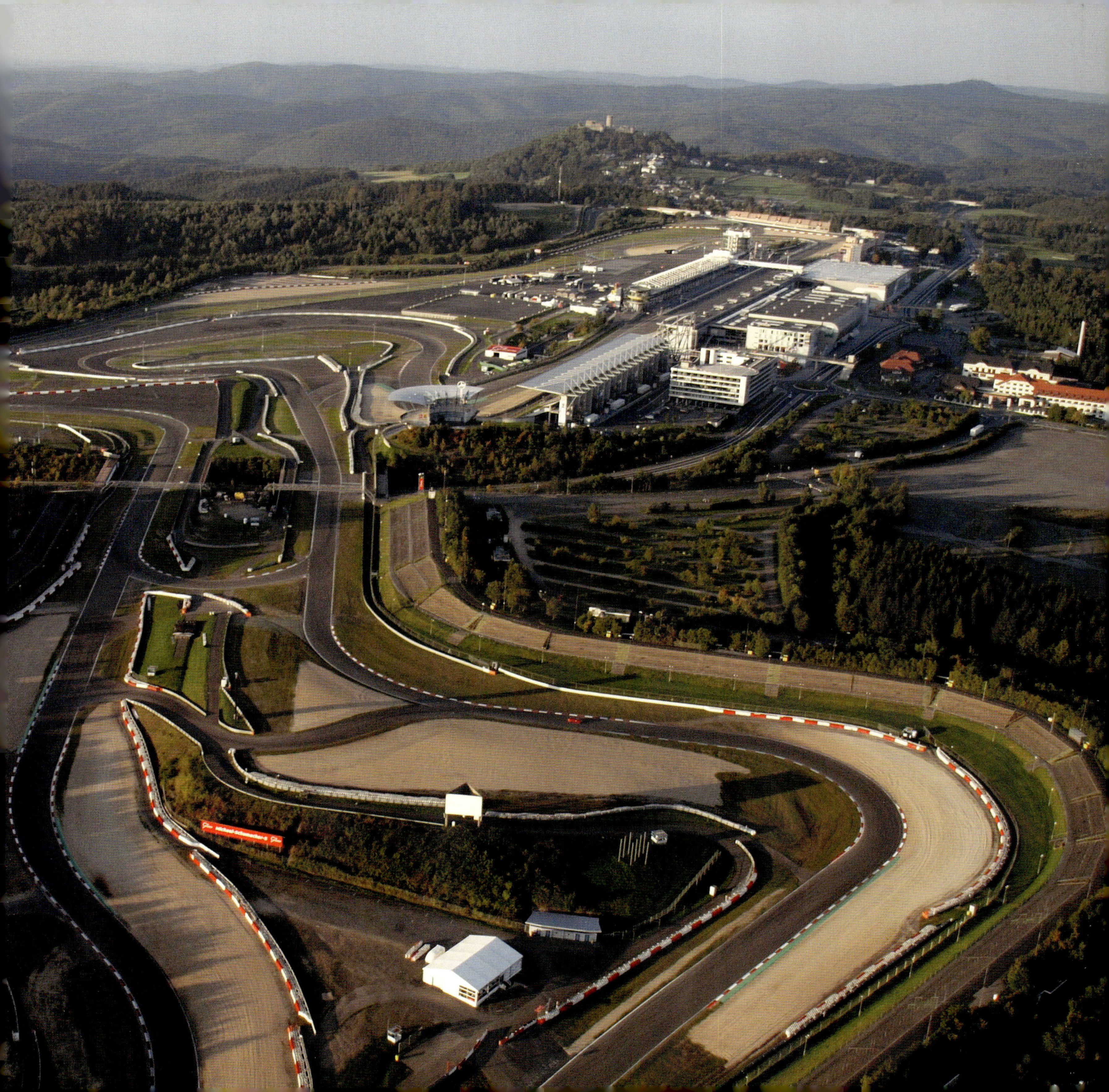

Oben: Im Schloss Sayn in Bendorf befindet sich nicht nur das Rheinische Eisenkunstguss-Museum, sondern auch der Garten der Schmetterlinge.

Rechts: Burg Namedy ist ursprünglich eine Wasserburg gewesen. Hier finden regelmäßig kulturelle Veranstaltungen statt. Aber auch für private Zwecke lässt sich die Burg mieten.

Rechte Seite: Das spätbarocke Schloss Engers beherbergt die Landesmusikstiftung Villa Musica. Des Weiteren befindet sich im Schloss ein Restaurant, von dessen Terrasse aus man den Blick auf den Rhein genießen kann.

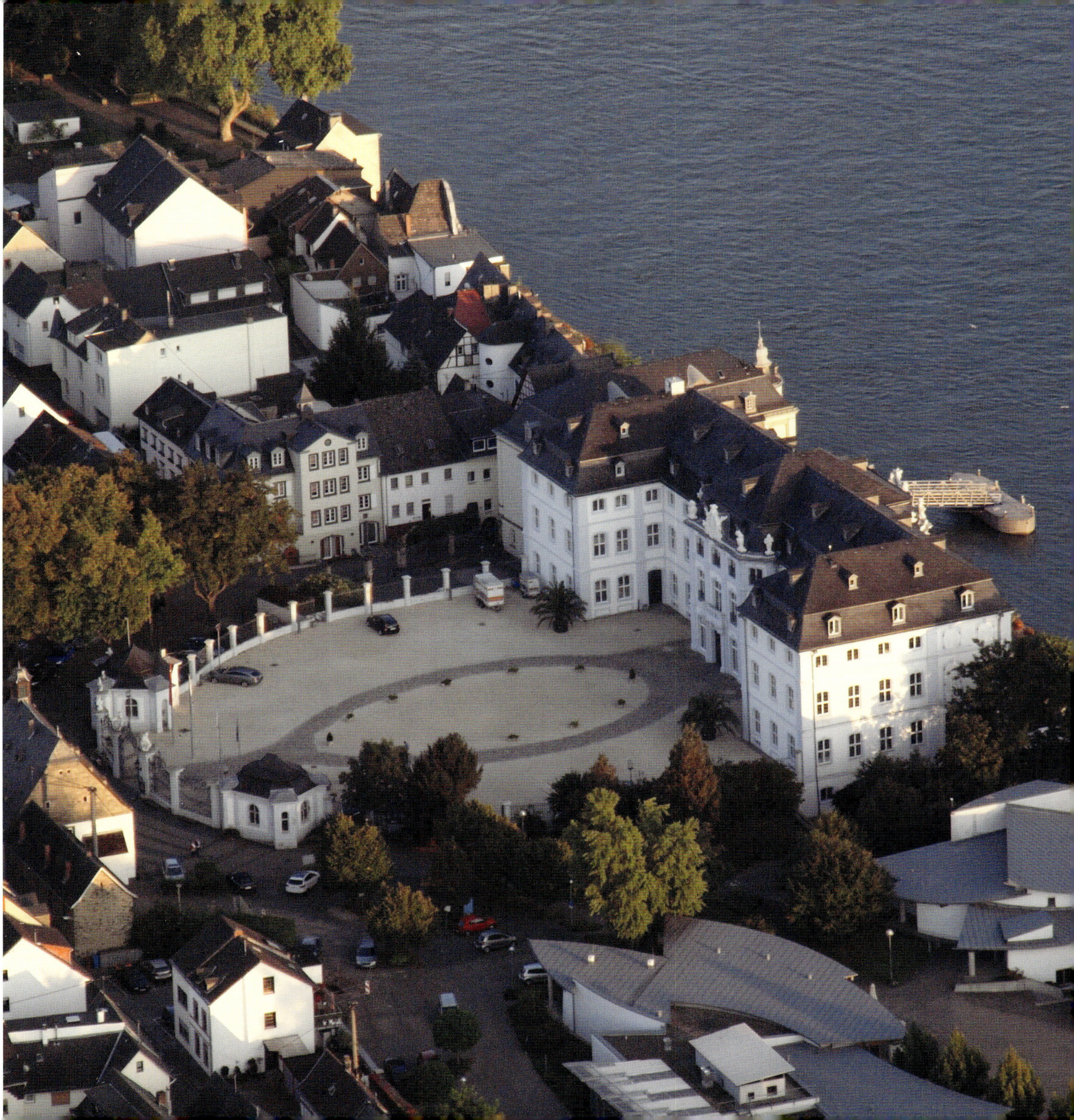

Oben: Blick auf Neuwied mit dem direkt am Rhein gelegenen Schloss. Im Hintergrund das Kernkraftwerk Mülheim-Kärlich. Im Bereich der Insel soll im 1. Jahrhundert v. Chr. die erste Rheinbrücke durch Gaius Iulius Caesar gebaut worden sein. Im Fluss wurden Eichenpfähle gefunden, deren Alter darauf hinwies.

Rechte Seite: Senkrechter Blick in den Kühlturm des Kernkraftwerks Mülheim-Kärlich. Die Anlage wurde nach hundert Tagen im Regelbetrieb wegen Mängeln im Genehmigungsverfahren abgeschaltet und soll in den kommenden Jahren abgerissen werden.

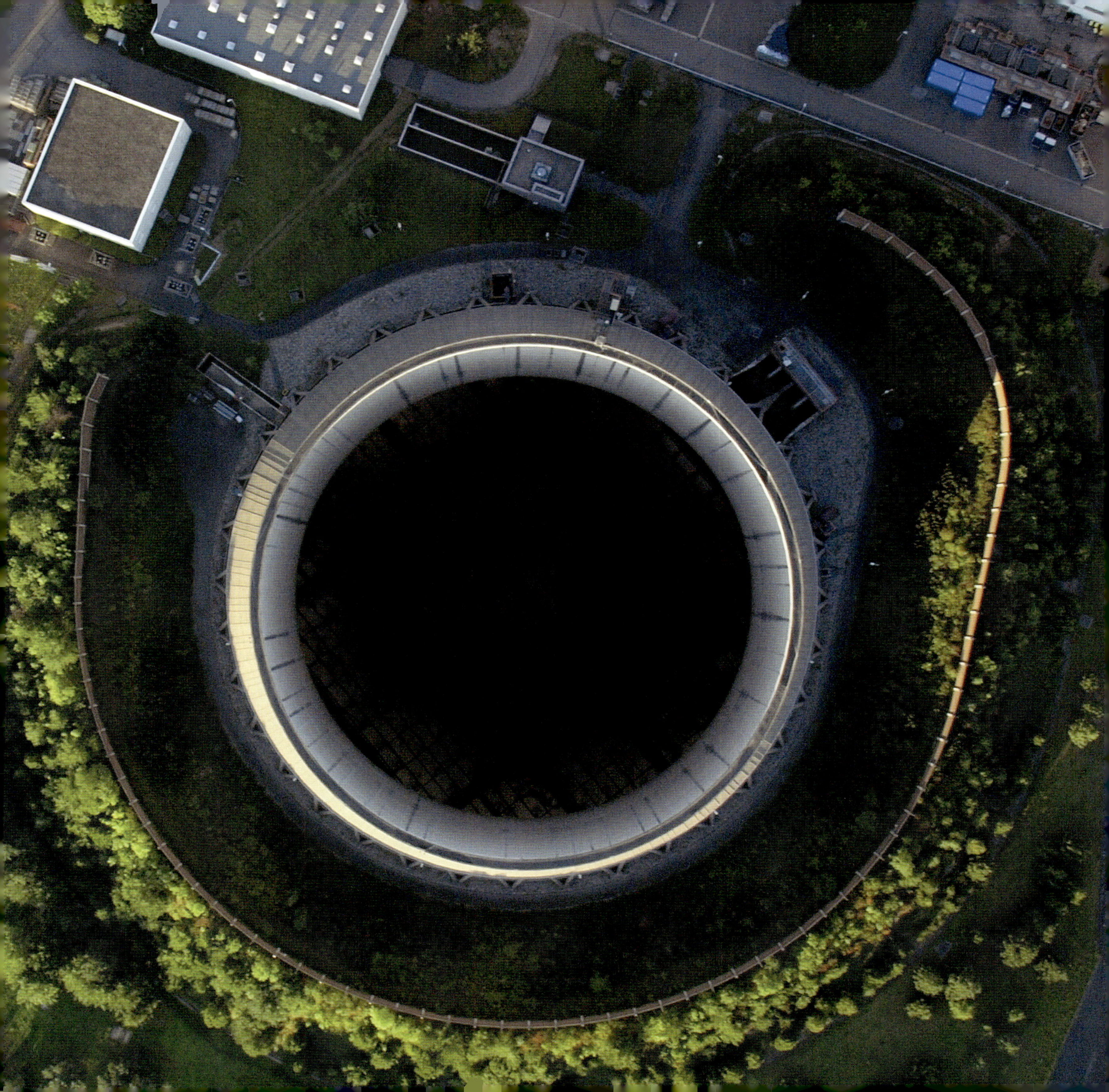

Oben: Der Rheinhafen Andernach ist mit einem Güterumschlag von über 3 Mio. Tonnen der größte Hafen am Mittelrhein. Durch Ausgrabungen konnte nachgewiesen werden, dass die Römer in Andernach bereits einen Hafen hatten. Im nahen Industriegebiet befindet sich die ThyssenKrupp Rasselstein GmbH, einer der größten Weißblechhersteller Europas.

Rechte Seite: Detailansicht der Urmitzer Eisenbahnbrücke. Im Ersten Weltkrieg gebaut, im Zweiten Weltkrieg durch deutsche Truppen gesprengt und 1954 wiedererrichtet. Während der Sprengung im März 1945 befanden sich noch einige hundert deutsche Soldaten auf der Brücke. Die Anzahl der Opfer konnte nie festgestellt werden.

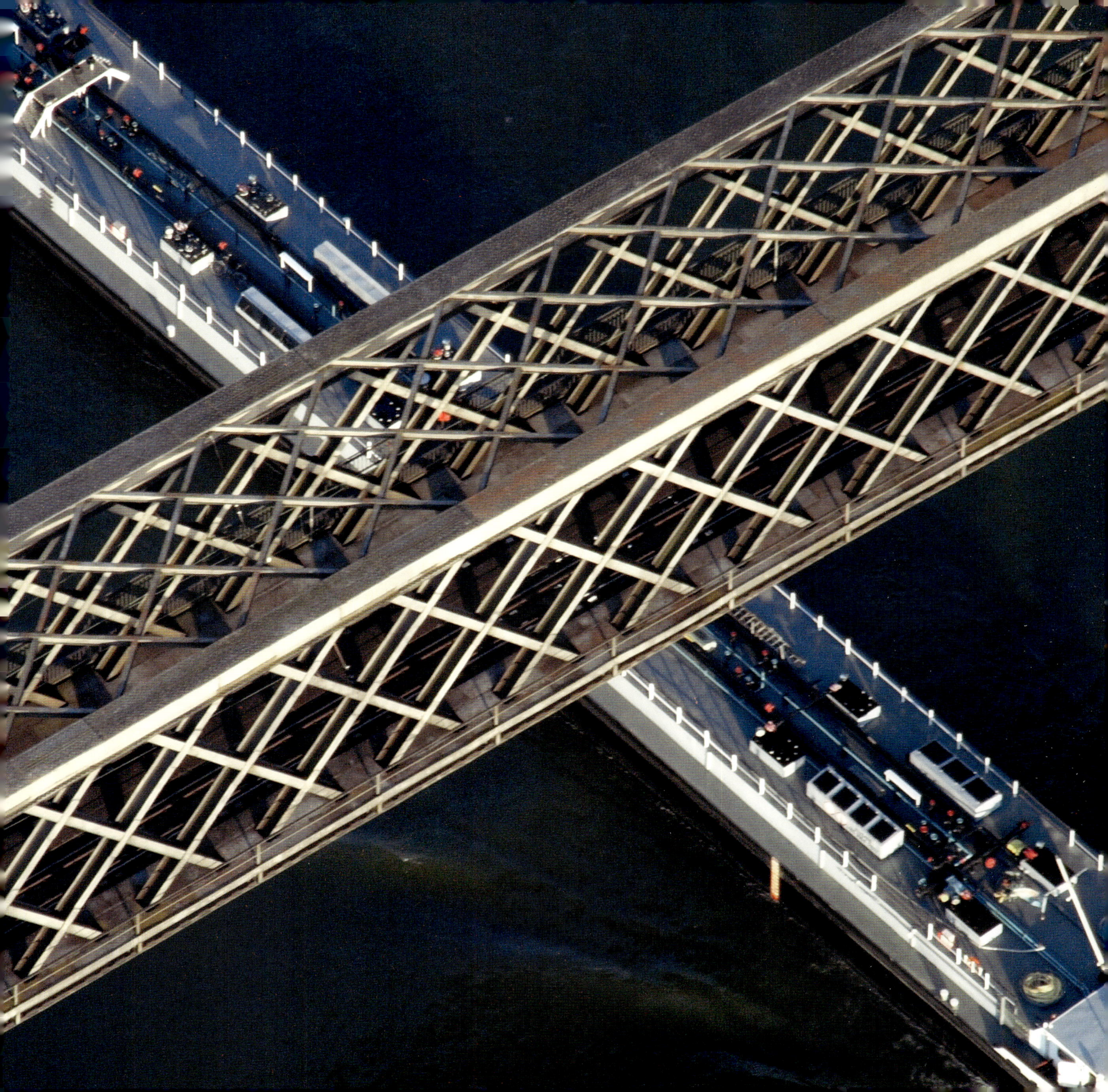

Schloss Arenfels in Bad Hönningen zeigt sich im neugotischen Stil bei herbstlich gefärbtem Laub und Wein. Im Zweiten Weltkrieg wurde es stark beschädigt. Die Sanierung dauert bis heute an.

Die Abtei Maria Laach mit der gut erhaltenen romanischen Kirche. Der Steinmetzbetrieb der Abtei hat einen guten Ruf für die Gestaltung von künstlerisch wertvollen Grabsteinen.

Die Ursprünge der Burg Rheineck bei Bad Breisig gehen bis ins 11. Jahrhundert zurück. Sie ist in Privatbesitz und kann daher nicht besichtigt werden.

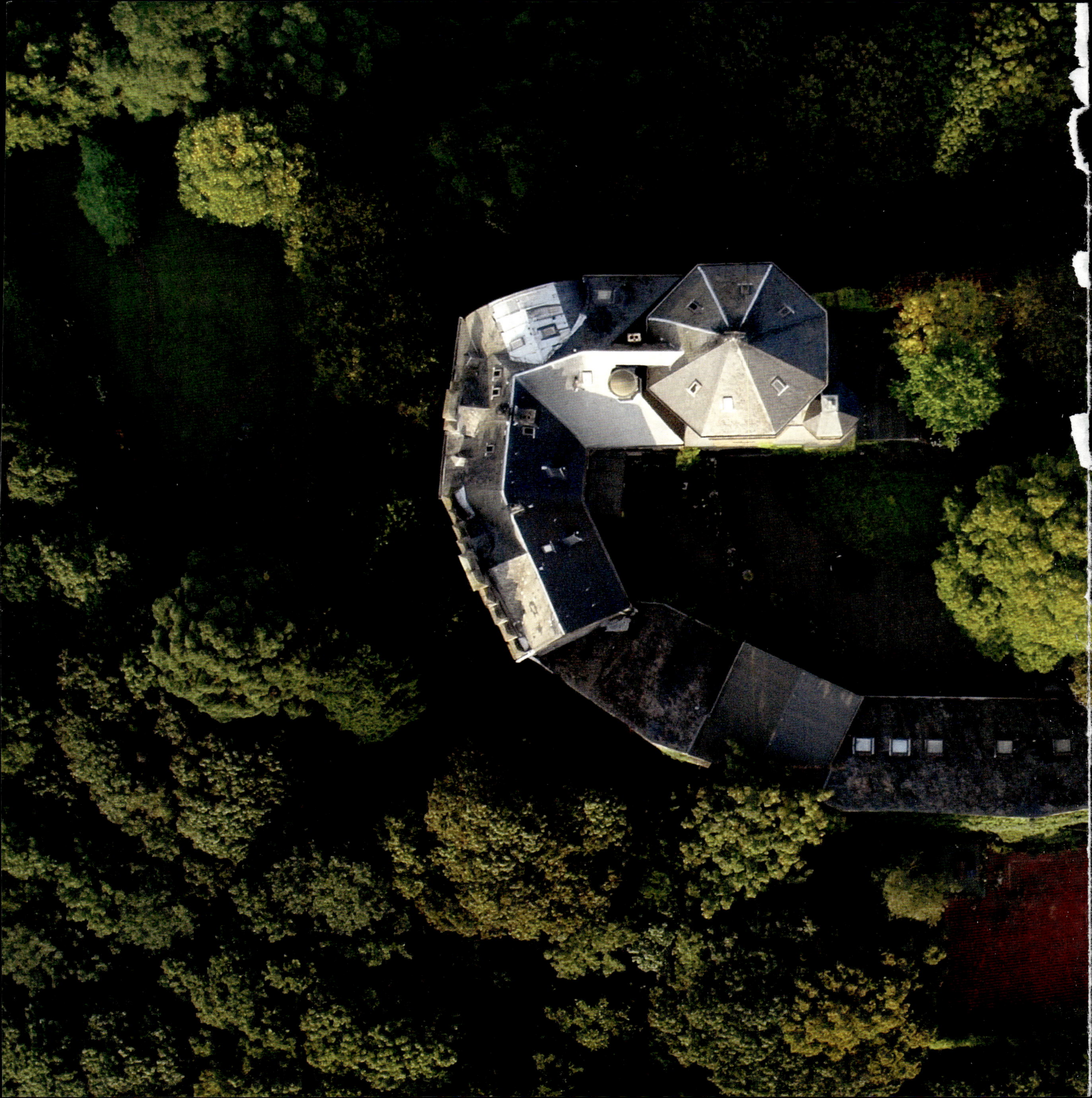

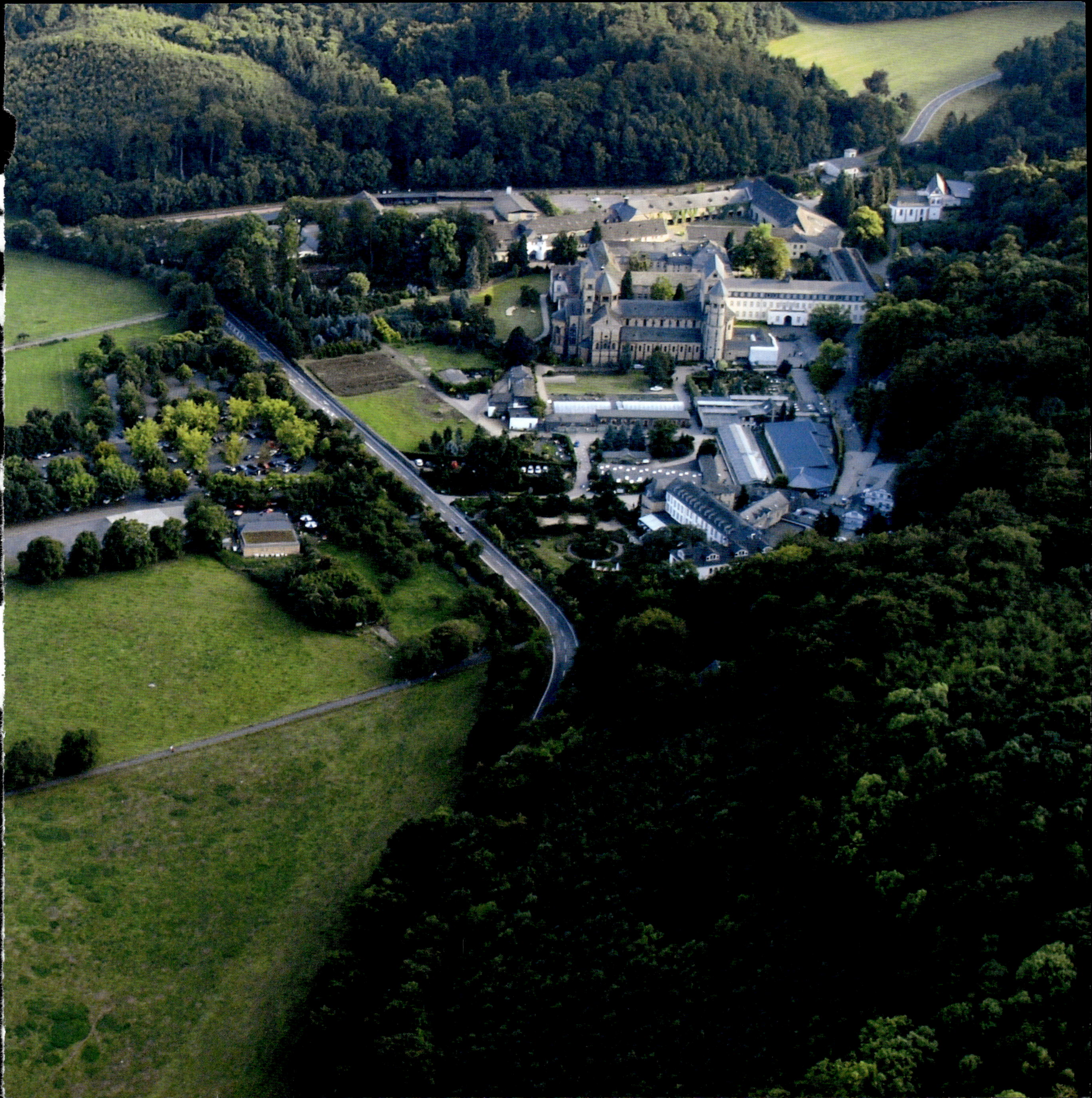

Der Eulenberg ist ein bis 14 Meter tiefer, wassergefüllter ehemaliger Basaltsteinbruch neben dem gleichnamigen Ort. Seit einigen Jahren ist es ein vom NABU Rhein-Sieg unterhaltenes Biotop.

Burgen, Berge und Inseln – rheinabwärts bis zum Drachenfelser Ländchen

Im Zuge der Industrialisierung im 19. Jahrhundert wurde das Rheintal (touristisch) erschlossen. Eine Eisenbahnlinie entstand, und die Dampfschifffahrt auf dem Rhein begann ihren Betrieb. Die berühmte »Rheinromantik« entstand und viele, auch ausländische Besucher reisten in das Rheintal, wozu auch viele Künstler beitrugen, die den Strom bedichteten. Prachtvolle Hotels entstanden links und rechts des Flusses, und wer es sich leisten konnte, baute an den Hängen des Rheins repräsentative Villen: Viele Industrielle aus Köln und dem Ruhrgebiet ließen sich hier nieder. Zu den Objekten gehörten in der Regel auch Nebengebäude für das Personal sowie Remisen für Kutschen und Fahrzeuge. Zwischen Koblenz und Bonn befinden sich sieben, nur teilweise bewohnte Inseln, aber auf Niederwerth gibt es sogar die einzige selbstständige deutsche Flussinselgemeinde.

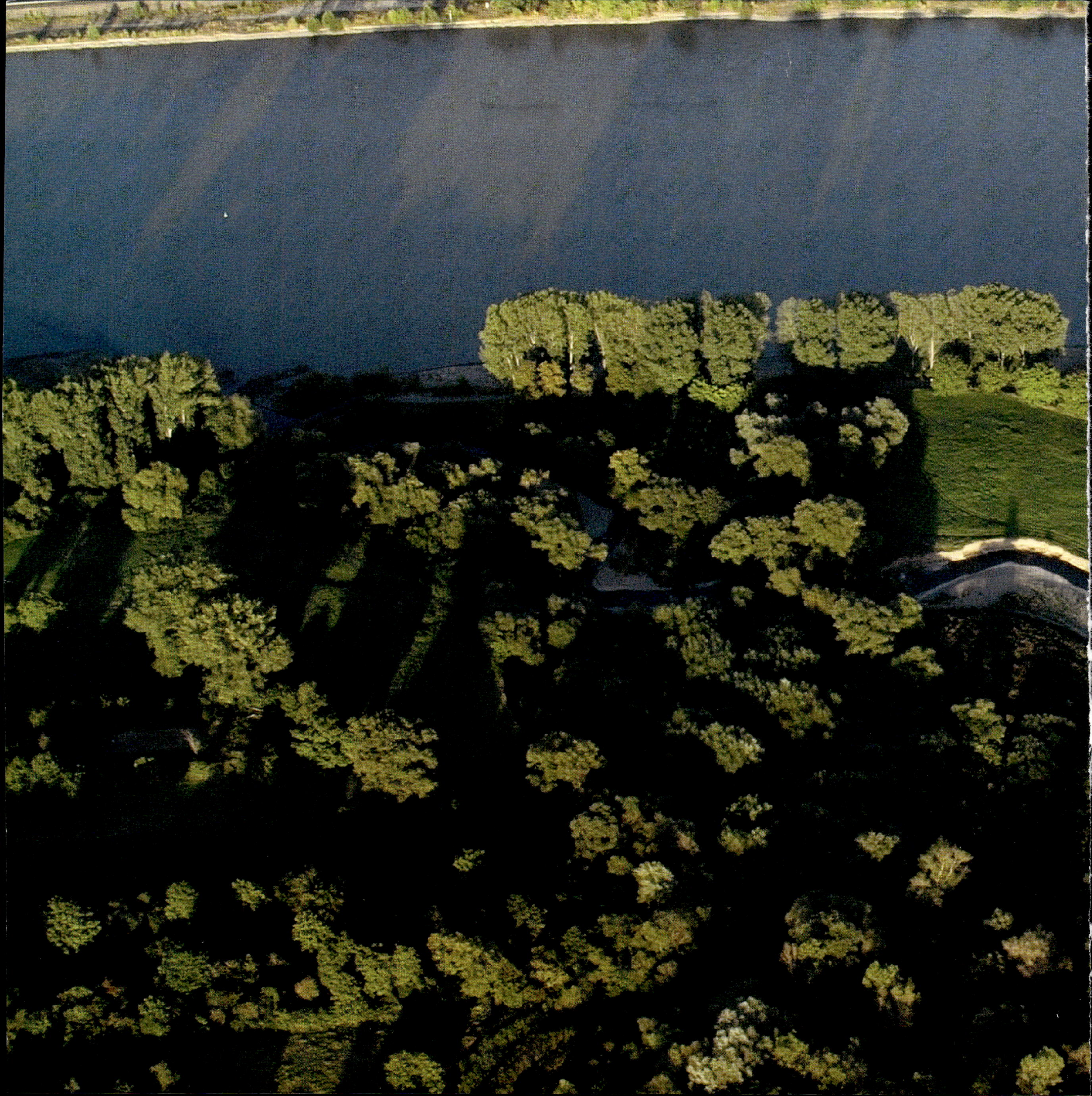

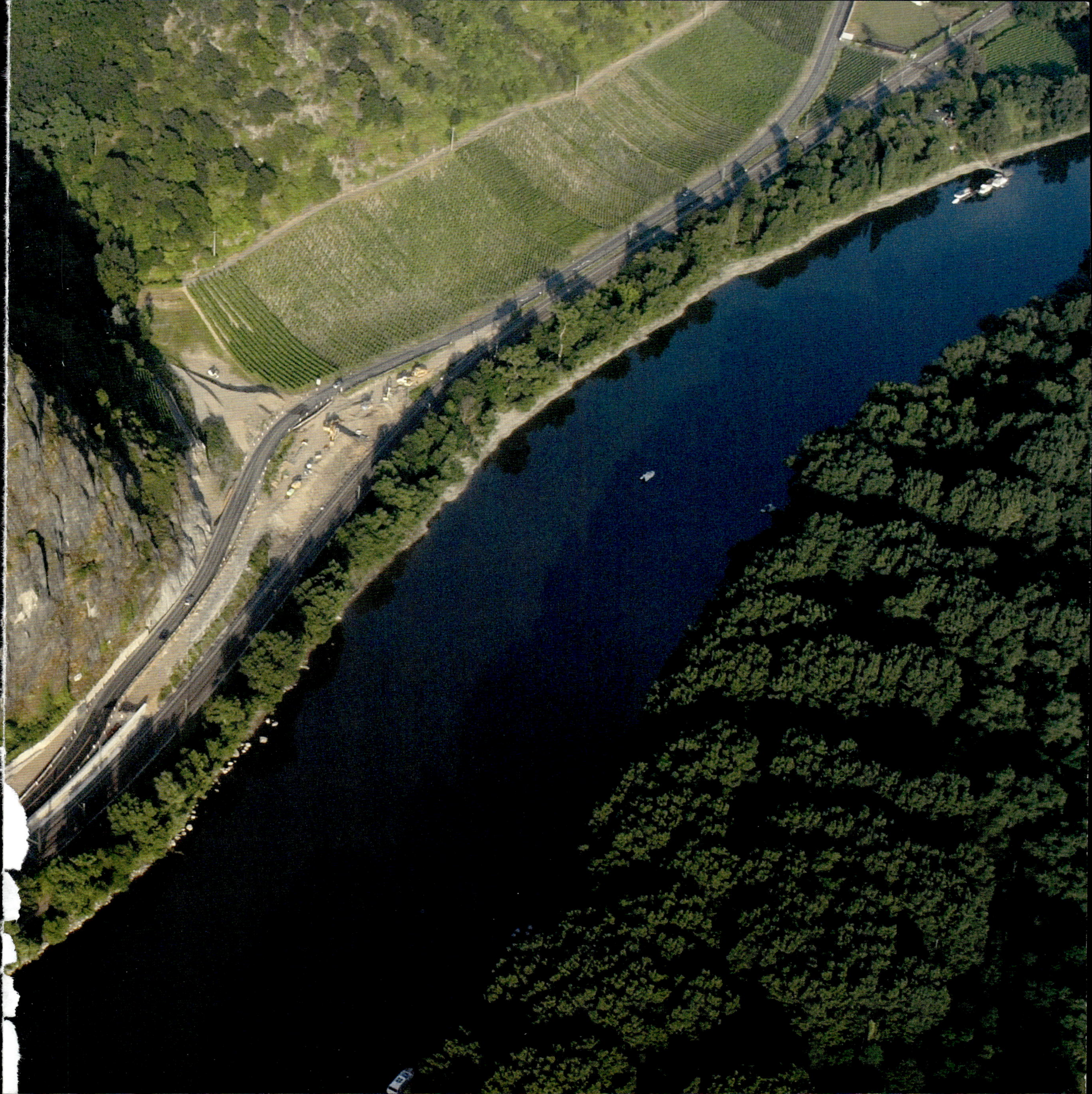

Die Burg(ruine) Hammerstein befindet sich südlich des gleichnamigen Ortes. Sie stammt aus dem 10. Jahrhundert und ist damit die wahrscheinlich älteste Burganlage am Mittelrhein.

Die Ahrmündung ist Naturschutzgebiet, da sie die einzige natürlich belassene Mündung eines Rheinnebenflusses ist. Das Mündungsgebiet unterliegt keinen Eingriffen von menschlicher Seite und verändert sein Aussehen dadurch ständig.

Linke Seite: Linz mit seiner historischen Altstadt zieht u. a. wegen seiner zweimal im Jahr stattfindenden Flohmärkte viele Besucher an. Der Basaltabbau nebst Verschiffung hat gegenüber früheren Jahren an Bedeutung verloren.

Oben links: Der direkt am Rhein gelegene Unkeler Gefängnisturm. Ganz in der Nähe wohnte Willy Brandt.

Oben rechts: Burg Ockenfels direkt am Rhein, oberhalb von Linz gelegen, ist Firmensitz einer großen Schuhmarke.

Unten: Das Gebiet südlich der Ahrmündung wird wegen der fruchtbaren Böden auch »Goldene Meile« genannt.

Unterhalb der Erpeler Ley, einem Basaltfelsen, von dem aus sich ein weiter Blick über den Rhein bietet, befand sich die im Zweiten Weltkrieg stark umkämpfte und schließlich eingestürzte Ludendorff-Brücke, deren Pfeiler heute noch zu sehen sind. Im linksrheinischen Pfeilerbau befindet sich heute ein Friedensmuseum. Die Kampfhandlungen bildeten die Vorlage für den bekannten Film »Die Brücke von Remagen« von 1969.

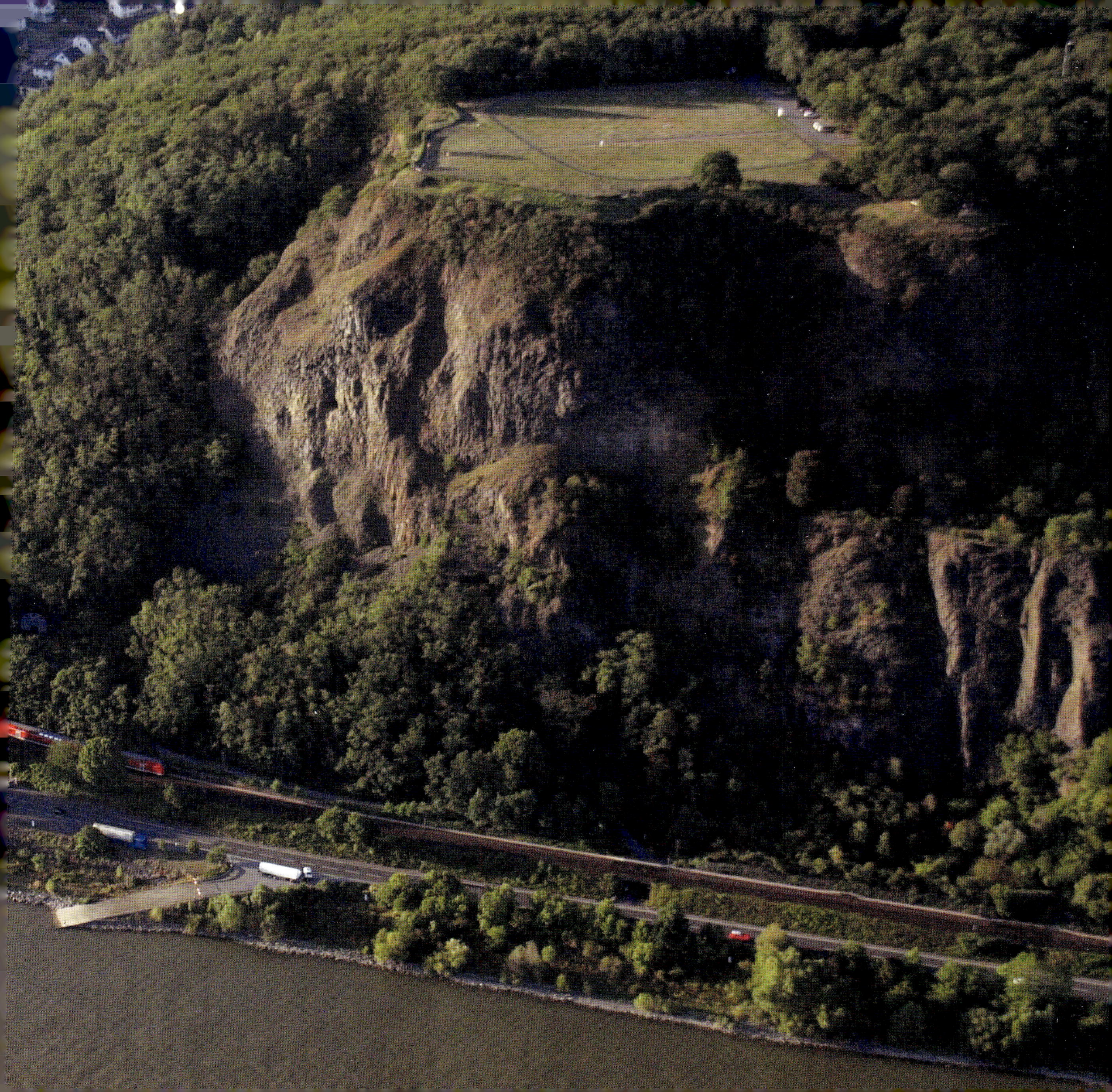

Oben: Die Insel Nonnenwerth mit Kloster und Gymnasium ist nur mit einer kleinen Fähre erreichbar. Grafenwerth ist ein viel genutztes Naherholungsgebiet der Bad Honnefer und Anlegestelle vieler Rheinausflugsschiffe.

Rechte Seite oben: Die Sportanlagen auf Grafenwerth. Das Schwimmbad wurde 2000 umfangreich saniert und 2014 konnte die einmillionste Besucherin empfangen werden. Das Bad bietet einen Mineralbrunnen sowie -duschen.

Rechte Seite unten: Das Kloster auf der Insel Nonnenwerth besteht seit dem 12. Jahrhundert. Der Schulweg der Schüler des angeschlossenen Gymnasiums führt mit dem Bötchen über das Wasser.

57

Der Rodderberg ist vulkanischen Ursprungs mit einem 50 Meter tiefen Trichter und einem Durchmesser von 800 Metern. Am östlichen Hang befindet sich der Rolandsbogen, an dem sich der erste Bundeskanzler der Bundesrepublik, Konrad Adenauer, verlobt hat. Von dort bietet sich ein herrlicher Blick in das Rheintal.

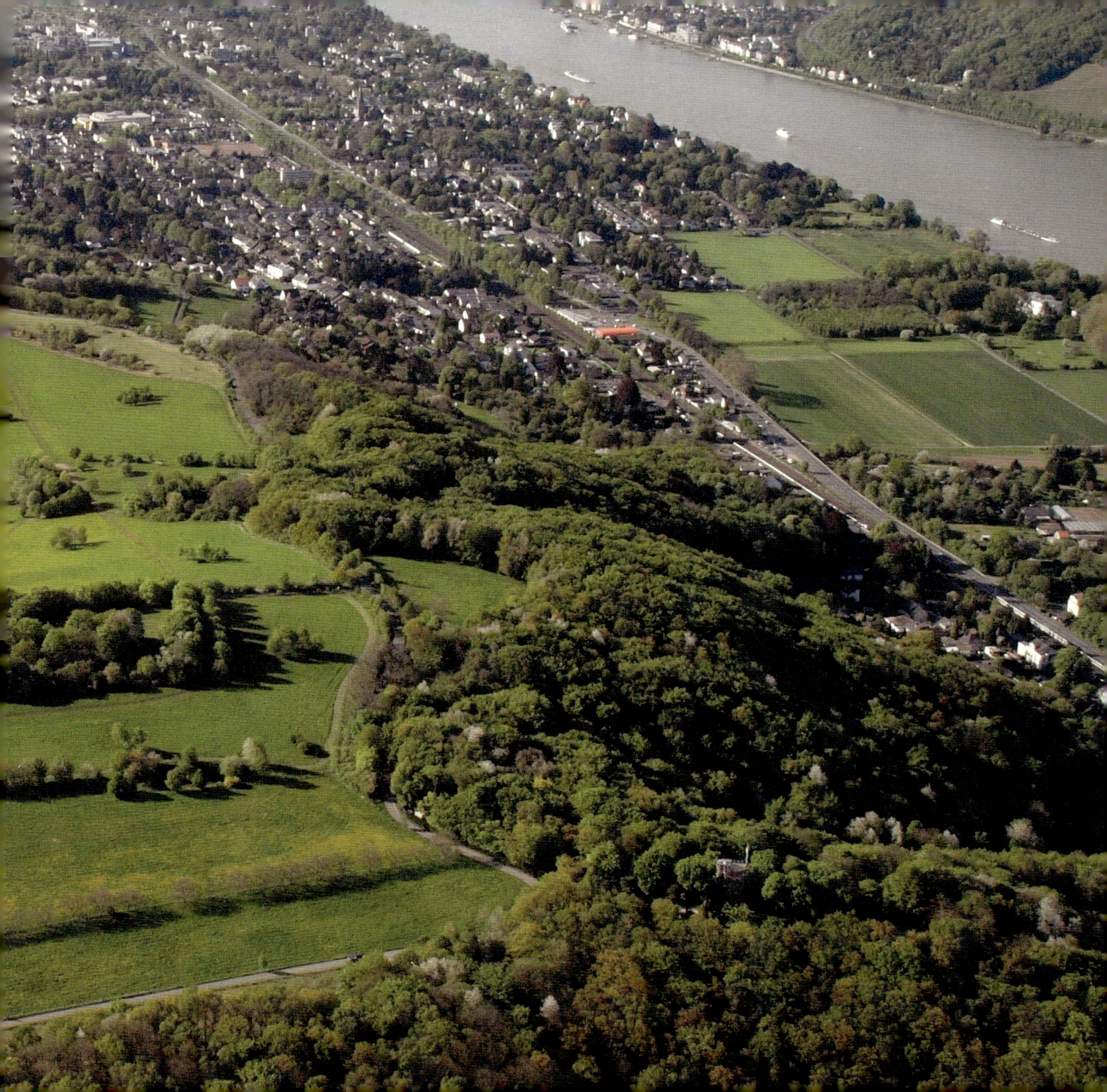

Die 1316 erstmals erwähnte Wasserburg Odenhausen bei Berkum zeigt sich umringt von den schönsten Herbstfarben. Sie ist in Privatbesitz und kann deshalb nur hier von oben »besichtigt« werden.

An die Wasserburg Gudenau bei Villip schließt sich ein großer Barockgarten an, der bereits im 17. Jahrhundert angelegt wurde.

Drachenfels und Siebengebirge

Das Siebengebirge, in Wirklichkeit aus etwa fünfzig Anhöhen bestehend, ist eines der ältesten Naturschutzgebiete Deutschlands. Fast wäre es sogar Nationalpark geworden, durch einen Bürgerentscheid der Honnefer Bevölkerung aber, die das Vorhaben mehrheitlich ablehnte, wurde der 15. deutsche Nationalpark verhindert. Dem Siebengebirge hat es vermutlich nicht geschadet: Der Verschönerungsverein für das Siebengebirge besteht bereits seit 1869 und setzt sich seitdem für dessen Erhalt ein. Ohne sein Wirken wäre das Siebengebirge durch den Basaltabbau sicher ein ganzes Stück kleiner. Große Flächen hat der Verein - seit 1986 auch Träger des Naturparks - im Laufe der Jahre erworben, um unter anderem die Expansionsgelüste der Steinbruchbetreiber zu bremsen. Im Siebengebirge konzentrieren sich auf kleinstem Raum historische Objekte wie Schlösser, Burgen und Ruinen.

Das 1976 eingeweihte und exponiert auf dem Drachenfels gelegene Betonrestaurant wurde 2011 abgerissen und an Ort und Stelle zerbröselt, um es recyceln zu können. Anfang 2013 dann wurde ein neuer, luftiger Anbau des unter Denkmalschutz stehenden Restaurants auf der Höhe des Berges fertig gestellt.

Bezwingen kann man den Drachenfels mit der ältesten Zahnradbahn Deutschlands, die bereits 35 Millionen Gäste seit ihrem Bau im Jahr 1883 transportiert hat. An den Hängen des Drachenfelses sind die nördlichsten Weinbaugebiete Deutschlands zu finden.

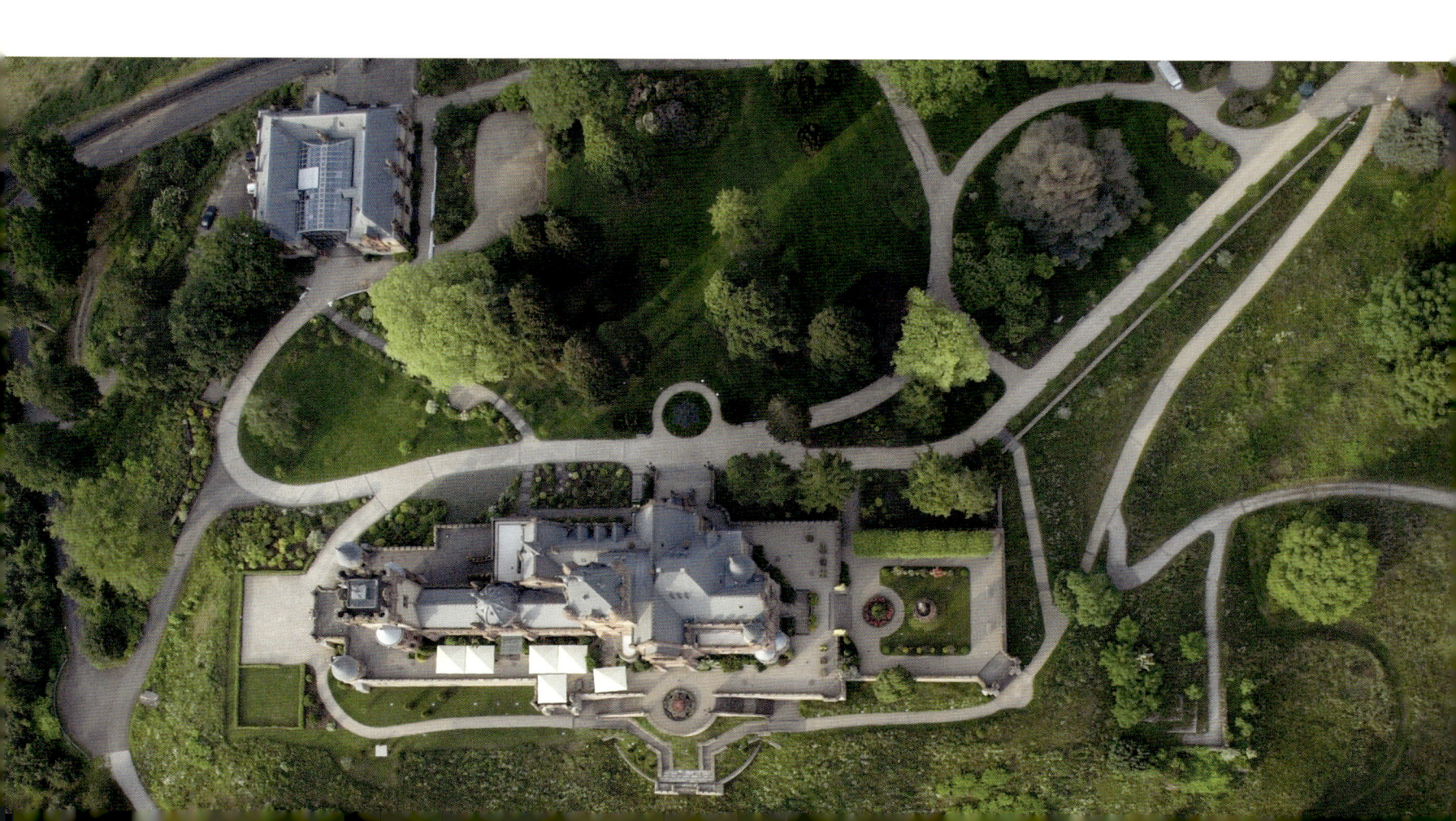

Linke Seite: Im Schloss Drachenburg im Siebengebirge hat der Bauherr Stephan von Sarter nie gewohnt. Vor einigen Jahren noch war das Schloss ungenutzt, wurde geplündert und es drohte der Verfall. Von 1995 bis 2010 wurde es umfangreich saniert (länger als der Bau dauerte) und ist heute ein Touristenmagnet mit vielfältigen Veranstaltungen.

Diese Seite: Das Weinberghäuschen unterhalb des Drachenfelses diente als Wachgebäude zur Sicherung der nördlichsten Weinberge Deutschlands vor Diebstahl und Wildschaden.

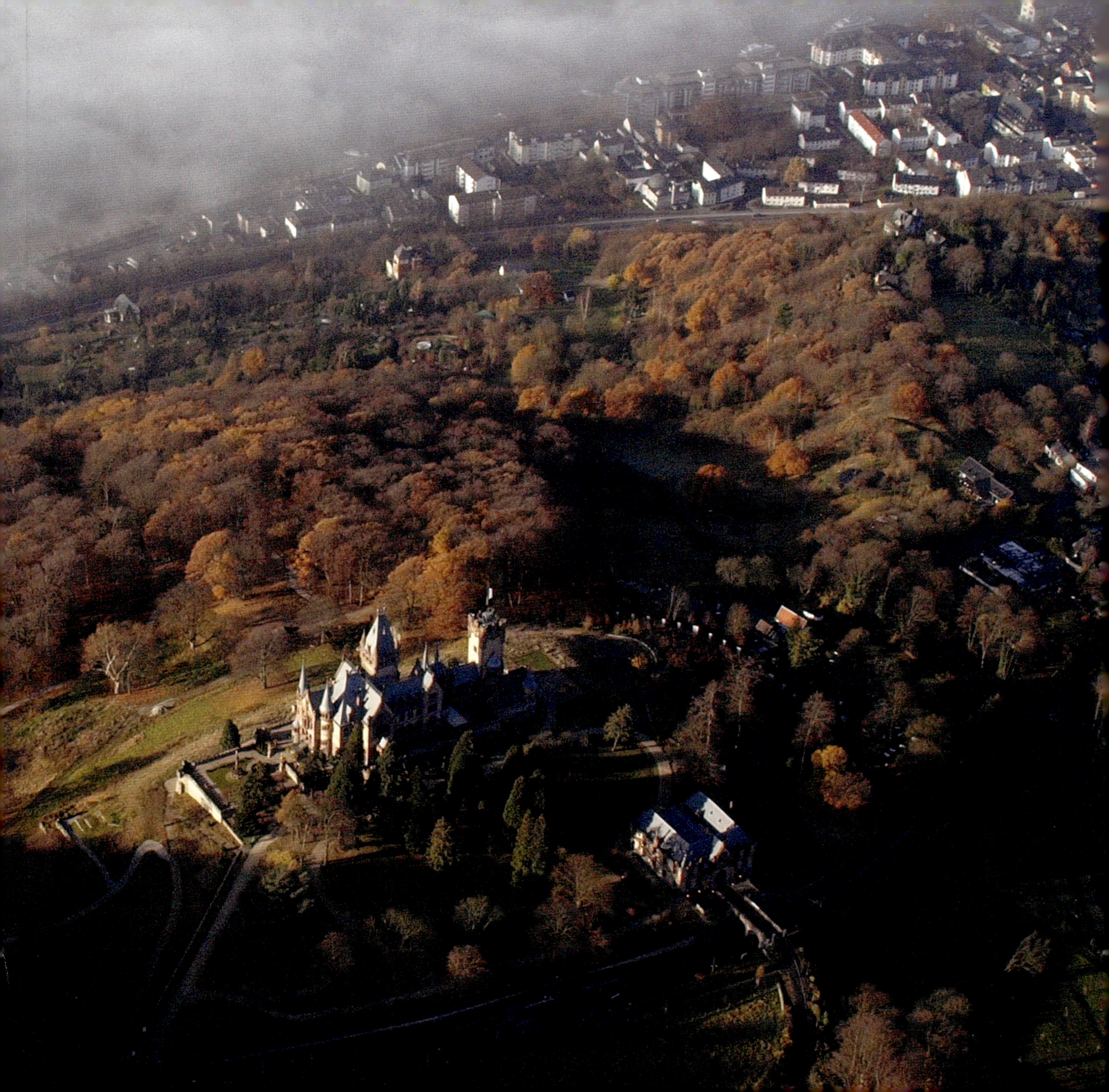

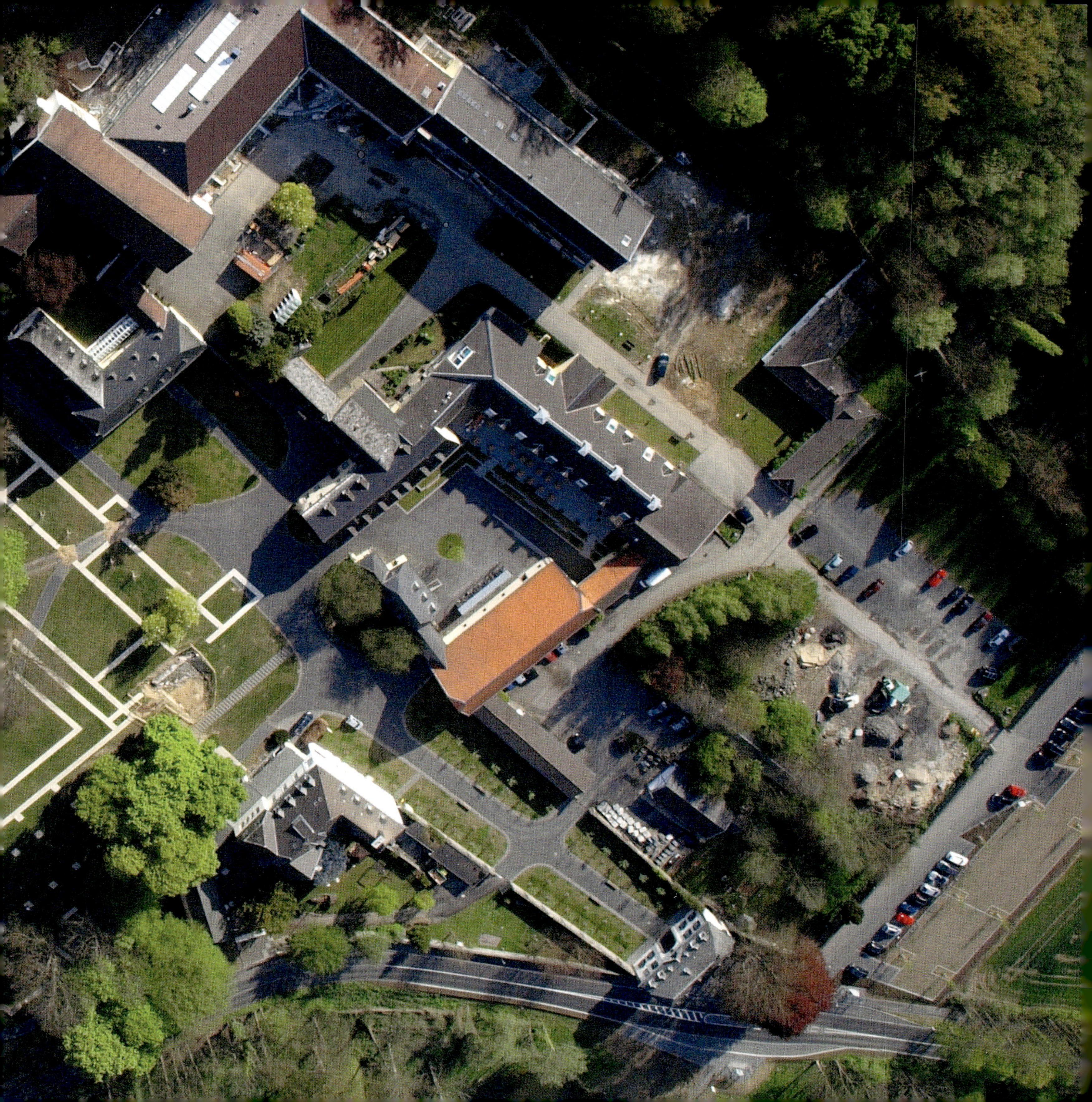

Linke Seite: Schloss Drachenburg im Abendlicht. Der Rhein versteckt sich immer noch unter einer Nebeldecke. Im Vordergrund die älteste Zahnradbahn Deutschlands von 1883, die von Königswinter auf den Drachenfels führt.

Diese Seite: Der Drachenfels von Nordosten aus gesehen in Blickrichtung Eifel. Auf der anderen Rheinseite ist der linsenförmige Trichter des Rodderbergs zu sehen.

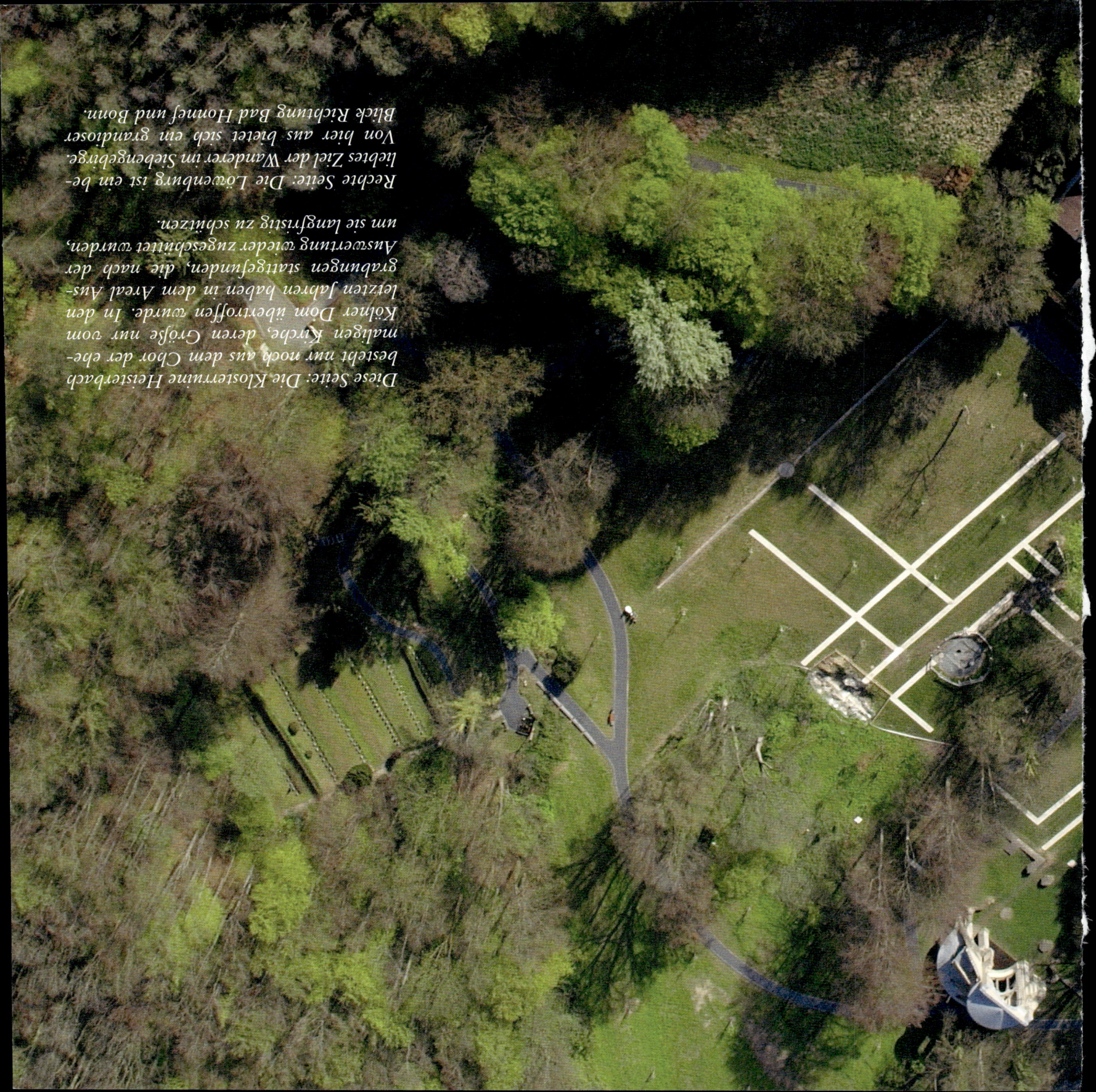

Diese Seite: Die Klosterruine Heisterbach besteht nur noch aus dem Chor der ehemaligen Kirche, deren Größe nur vom Kölner Dom übertroffen wurde. In den letzten Jahren haben in dem Areal Ausgrabungen stattgefunden, die nach der Auswertung wieder zugeschüttet wurden, um sie langfristig zu schützen.

Rechte Seite: Die Löwenburg ist ein beliebtes Ziel der Wanderer im Siebengebirge. Von hier aus bietet sich ein grandioser Blick Richtung Bad Homef und Bonn.

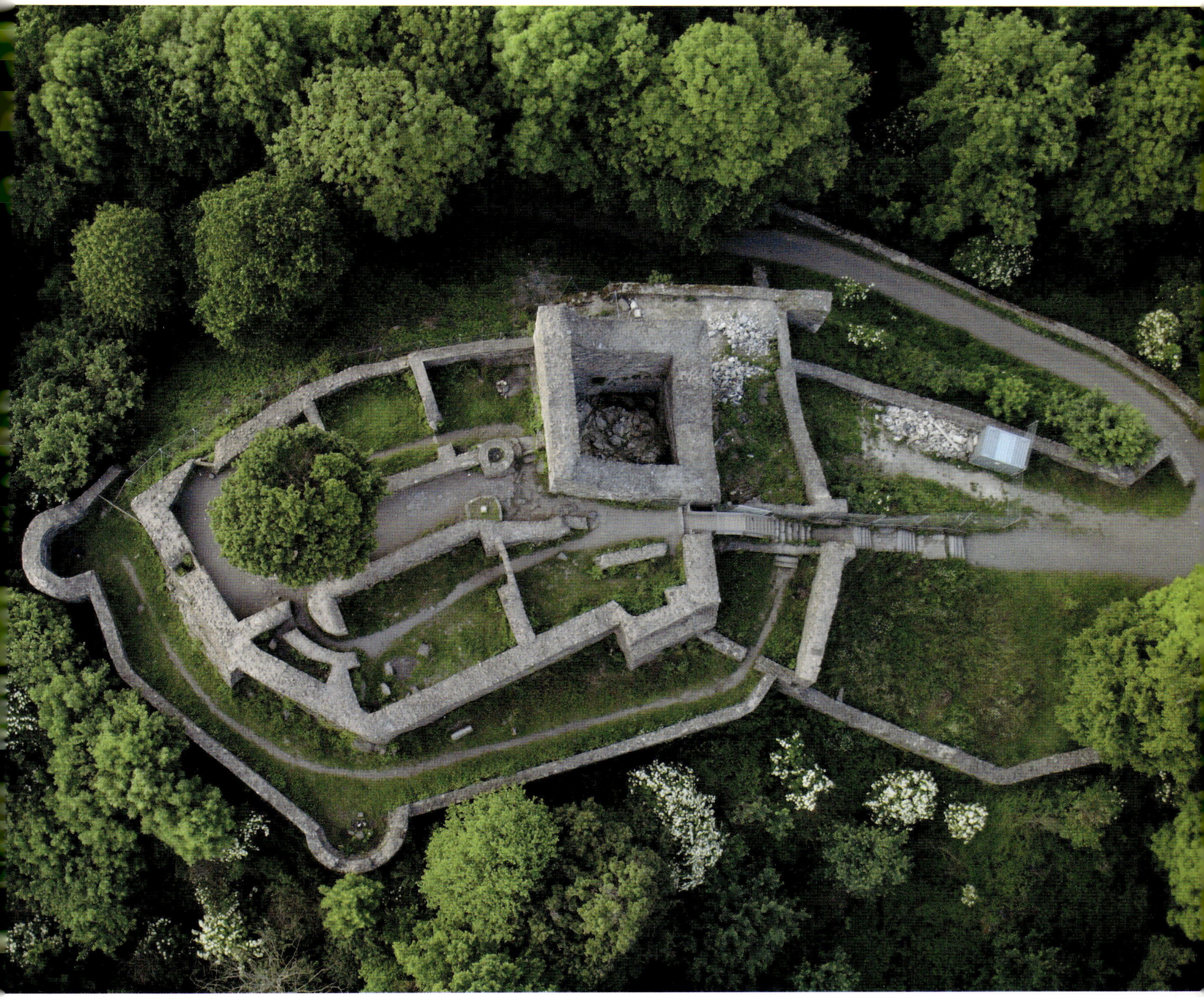

Diese Seite: Links oben die Drachenfelsruine mit dem Betonrestaurant aus dem Jahr 1976. Rechts daneben der Abriss im März 2011 und der viel kleinere Neubau im Jahr 2013. Unten: Der rückwärtige Gebäudeteil aus den 1930er Jahren steht unter Denkmalschutz.

Die Ruine der Burg Drachenfels in 321 Metern Höhe. 1967 gab es Felsabbrüche am Hang, woraufhin die Bergkuppe und damit auch die Ruine mit Stahlankern gesichert wurden.

Das Gipfelrestaurant auf dem Ölberg, dem mit 460 Metern höchsten Berg im Siebengebirge. Auf dem Berg wurden einige Sendeanlagen errichtet, z. B. für Radio und Fernsehen.

Das luxuriöse, mit 5 Sternen ausgezeichnete Grandhotel Petersberg ist das ehemalige Gästehaus der Bundesrepublik Deutschland. Es beherbergte viele Staatsgäste der ehemaligen Hauptstadt Bonn. Zu den prominenten Gästen zählten z. B. Queen Elisabeth II., Leonid Breschnew, Michail und Raissa Gorbatschow, Boris Jelzin und Bill Clinton.

Das Siebengebirge aus östlicher Richtung. Im Vordergrund das Hanfbachtal. Der kleine Hanfbach lieferte früher Energie für viele Wassermühlen. Heute sind nur noch drei erhalten.

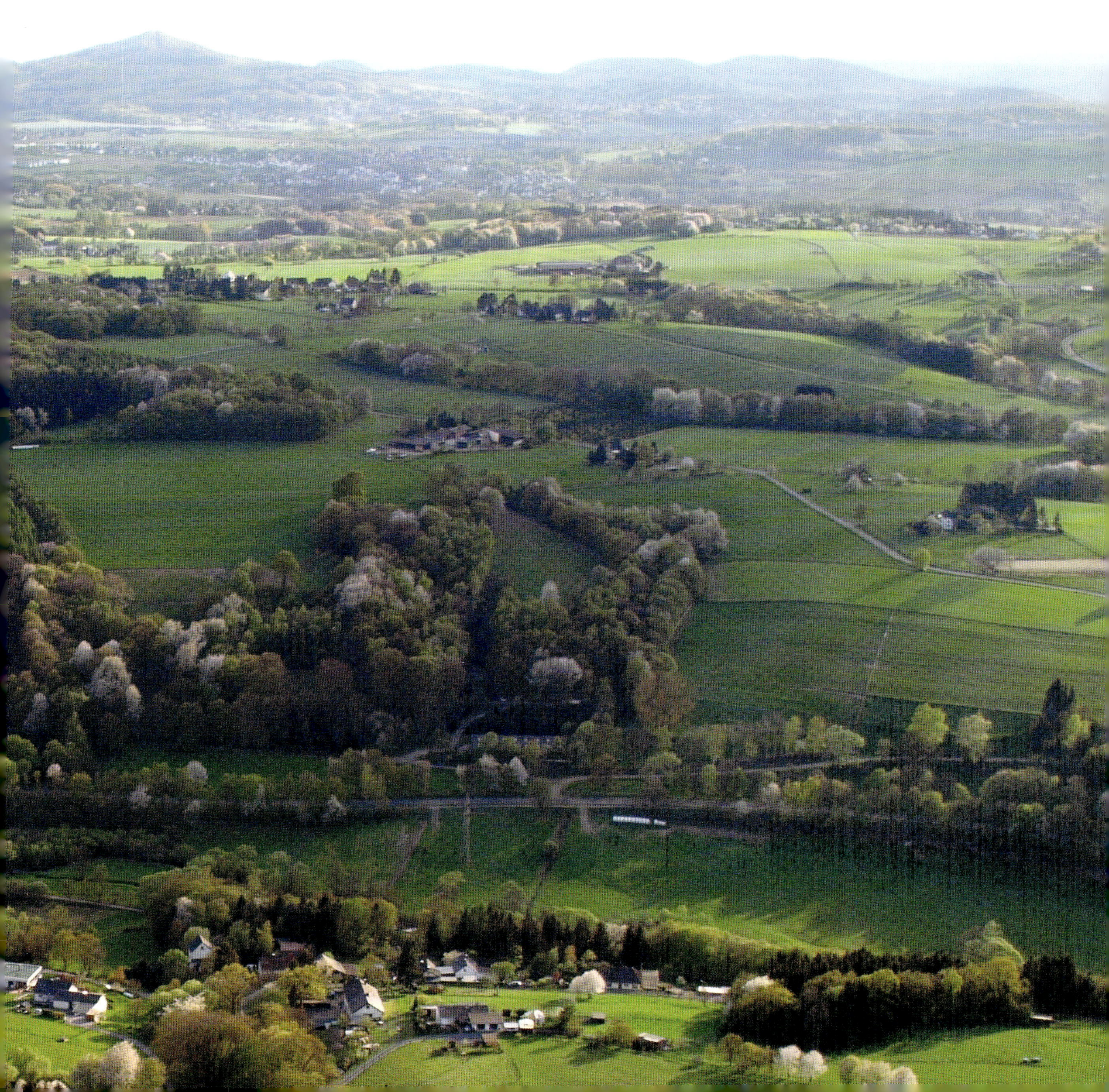

Auf der Höhe Bonns zu beiden Seiten des Rheins

In unmittelbarer Nähe des Flusses befindet sich das überschaubare ehemalige Regierungsviertel, das sich seit dem Umzug der Regierung nach Berlin einem Strukturwandel unterziehen musste. Die Befürchtungen, dass dies nicht gelingen werde, haben sich zum Glück nicht bewahrheitet.

Viele neue Institutionen wie zum Beispiel die Vereinten Nationen haben sich in der Stadt angesiedelt, und Bonn ist Sitz von großen DAX-Unternehmen wie der Telekom AG oder der DHL GmbH, deren Firmensitz mit dem 162,5 Meter hohen Posttower das Stadtbild am Rhein prägt. Er liegt unmittelbar neben der Rheinaue. Das schön angelegte und gepflegte Areal ist aus der Bundesgartenschau 1979 hervorgegangen und dient heute den Bonnern als Naherholungsgebiet. Jährlich findet hier eine Vielzahl von Veranstaltungen statt, von der Bierbörse bis zu vielfältigen Konzerten und dem Rheinauenflohmarkt. Wegen seines gemütlichen Charakters wurde Bonn auch oft als »Bundesdorf« bezeichnet – trotzdem oder gerade deswegen: Bonn und Umgebung verzeichnen trotz des Regierungsumzugs jährlich einen Bevölkerungszuwachs.

Das linksrheinische Bonn ist mit dem rechtsrheinischen Beuel durch die Kennedybrücke verbunden. Im Vordergrund links das ehemalige Regierungsviertel.

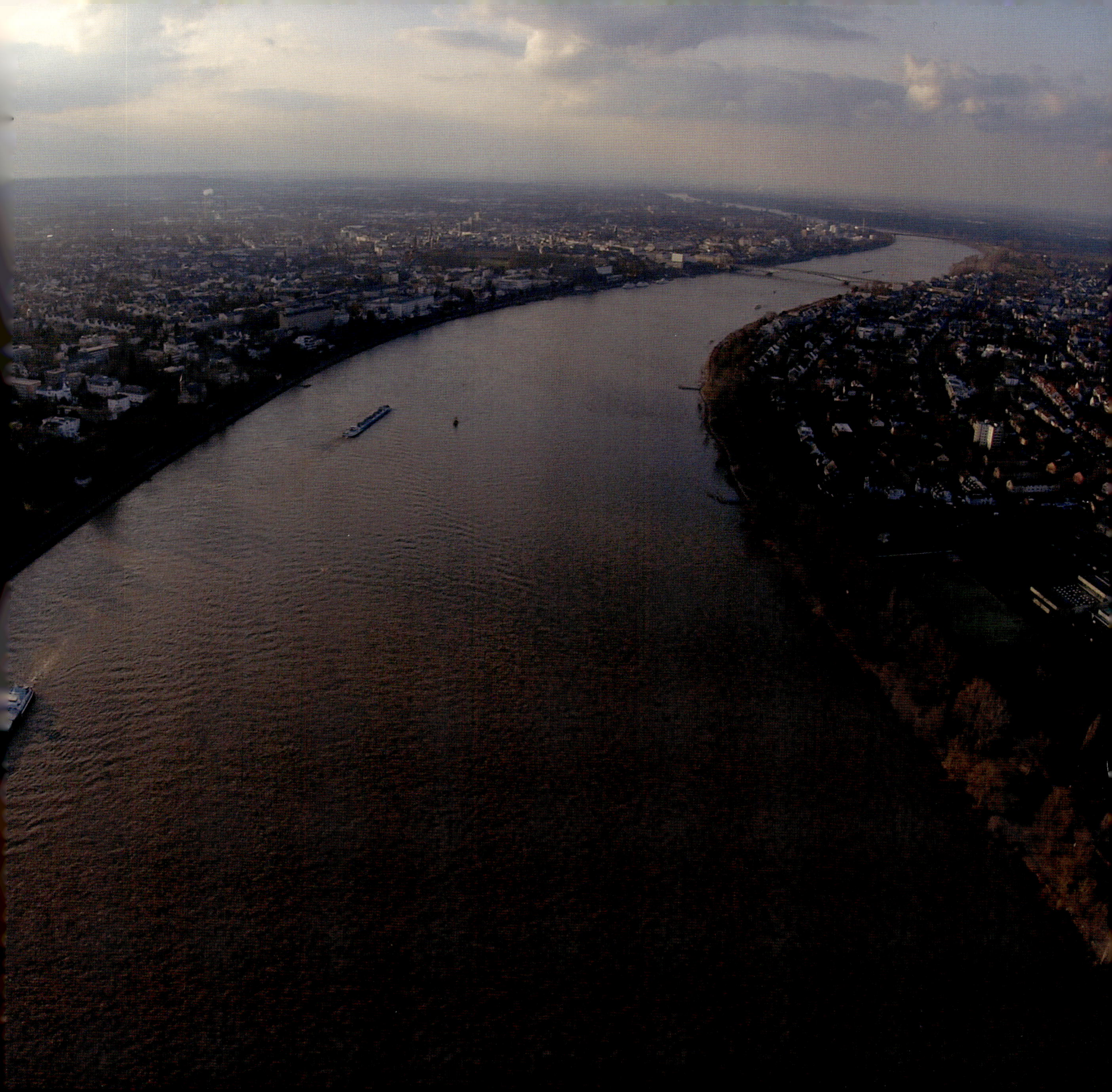

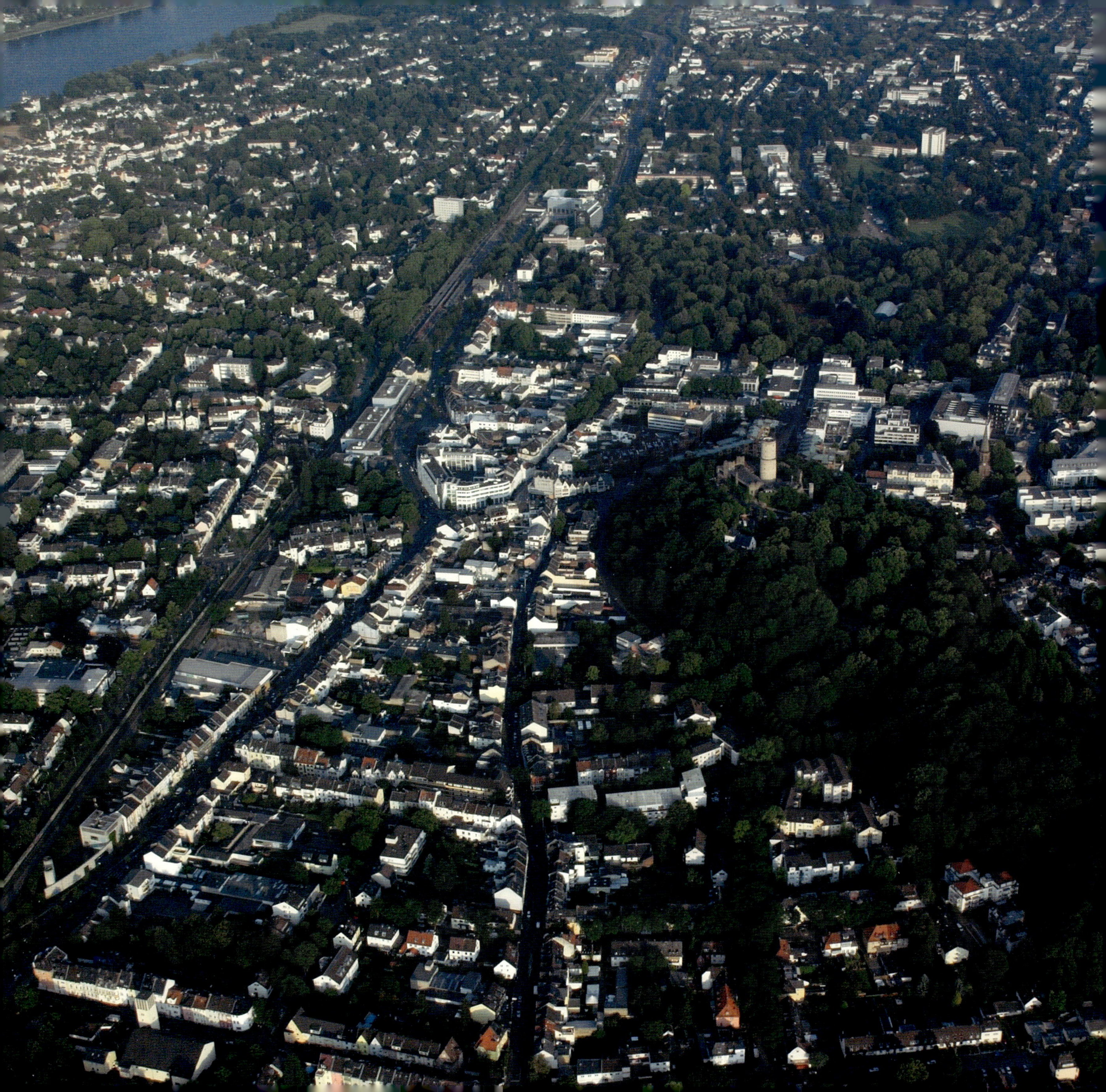

Linke Seite: Eine lange Bergzunge mit der Godesburg reicht bis in das Zentrum von Bad Godesberg. Vor dem Hauptstadtumzug war hier eine Vielzahl von Botschaften angesiedelt, oft in herrlichen Gründerzeitvillen.

Diese Seite: Das Rheinhotel Dreesen ist bis heute in Familienbesitz und beherbergte unzählige prominente Gäste. Hinter den Pappeln befand sich bis vor Kurzem noch die französische Botschaft, die den Neubauten weichen musste.

Die ehemalige Botschaft der USA in Bonn-Rüngsdorf, heute Sitz der Bundesanstalt für Landwirtschaft und Ernährung. Im oberen Bereich das angegliederte Schloss Deichmannsaue.

Das Forschungszentrum caesar in der Rheinaue wird durch eine Stiftung finanziert, die als Folge des Berlin-Bonn-Gesetzes ins Leben gerufen wurde. Caesar forscht zu Themen der Neurowissenschaften, Zellbiologie und Biophysik.

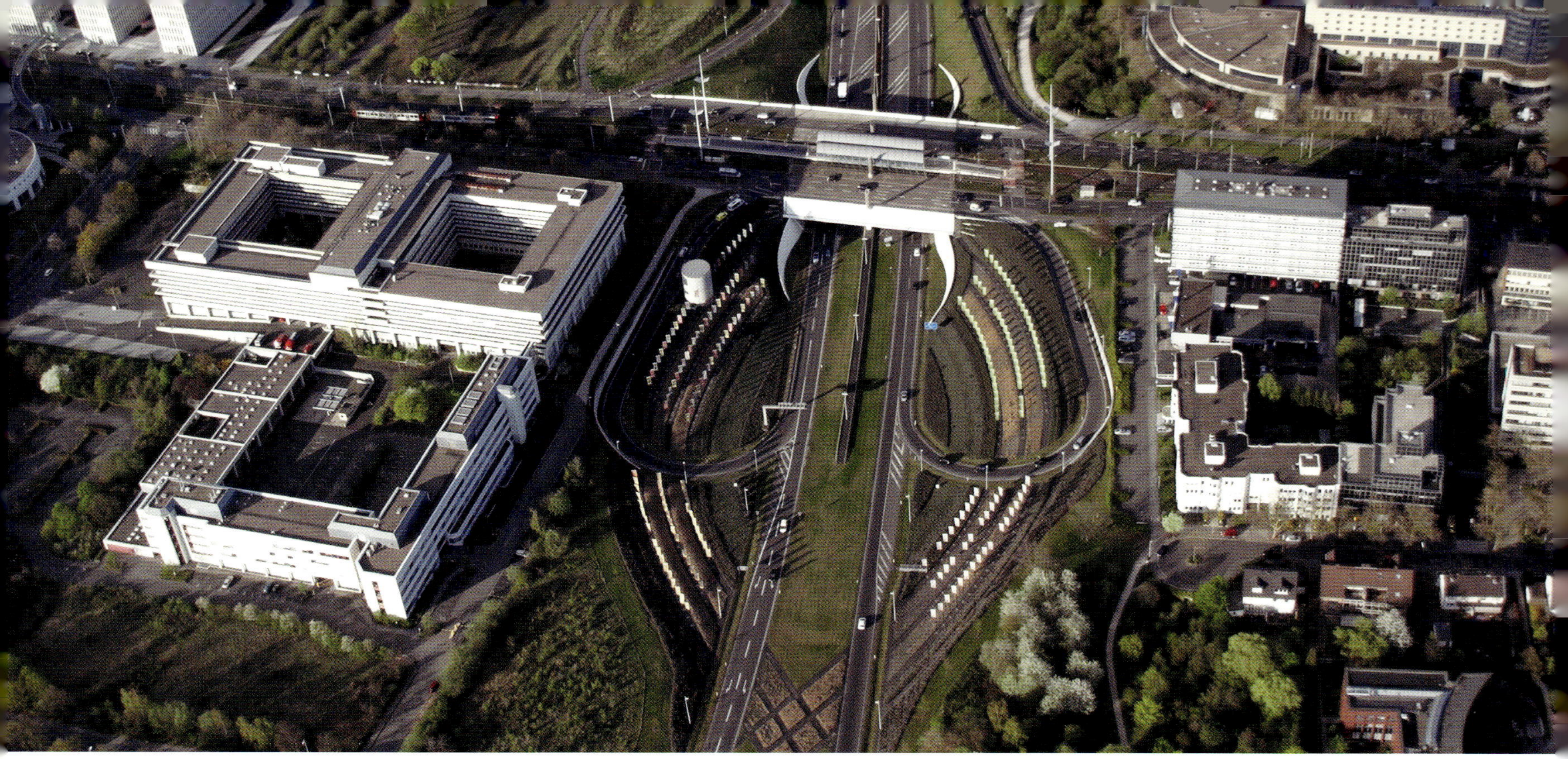
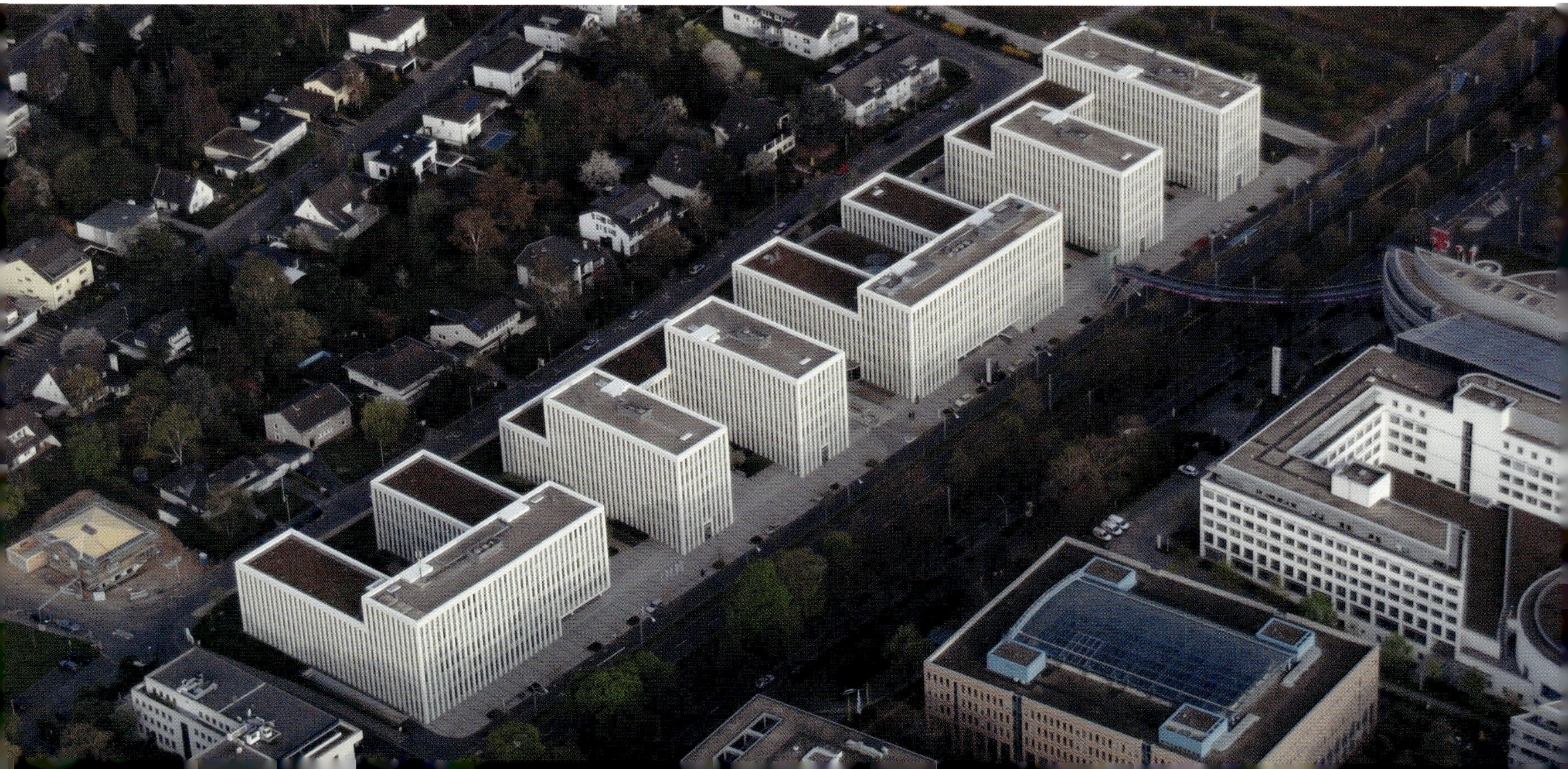

Links: Die Kreuzung der A 562 und der B 9 bildet die Grenze zwischen Bonn und Bad Godesberg. Vor zehn Jahren wurden 191 Fahnenstangen aufgestellt, je eine für die Mitgliedstaaten der Vereinten Nationen.

Rechts: Die Kreuzbauten, errichtet Anfang der 1970er Jahre, wurden umfangreich saniert und stehen heute unter Denkmalschutz. Sie beherbergen das Eisenbahnbundesamt, das Deutsche Institut für Erwachsenenbildung, das Bundesministerium für Bildung und Forschung und das Streitkräfteamt.

Links: Der Office Port Bonn ist ein für ca. 60 Millionen Euro errichteter Bürokomplex im Bonner Ortsteil Gronau. Früher befand sich auf dem Gelände u. a. die Parteizentrale der CDU, die nach dem Umzug der Regierung nach Berlin nicht mehr benötigt wurde.

Rechts: Der Robert-Schuman-Platz, benannt nach dem französischen Außenminister und späteren Präsidenten des Europäischen Parlaments. In den umliegenden Gebäuden sind u. a. Ministerien untergebracht.

Die Bonner Rheinaue, die sich bis auf die andere Rheinseite erstreckt, ist aus der Bundesgartenschau 1979 hervorgegangen und grenzt unmittelbar an das ehemalige Bonner Regierungsviertel. Zahlreiche Veranstaltungen wie zum Beispiel Rhein in Flammen, Flohmärkte und die Bierbörse finden hier statt.

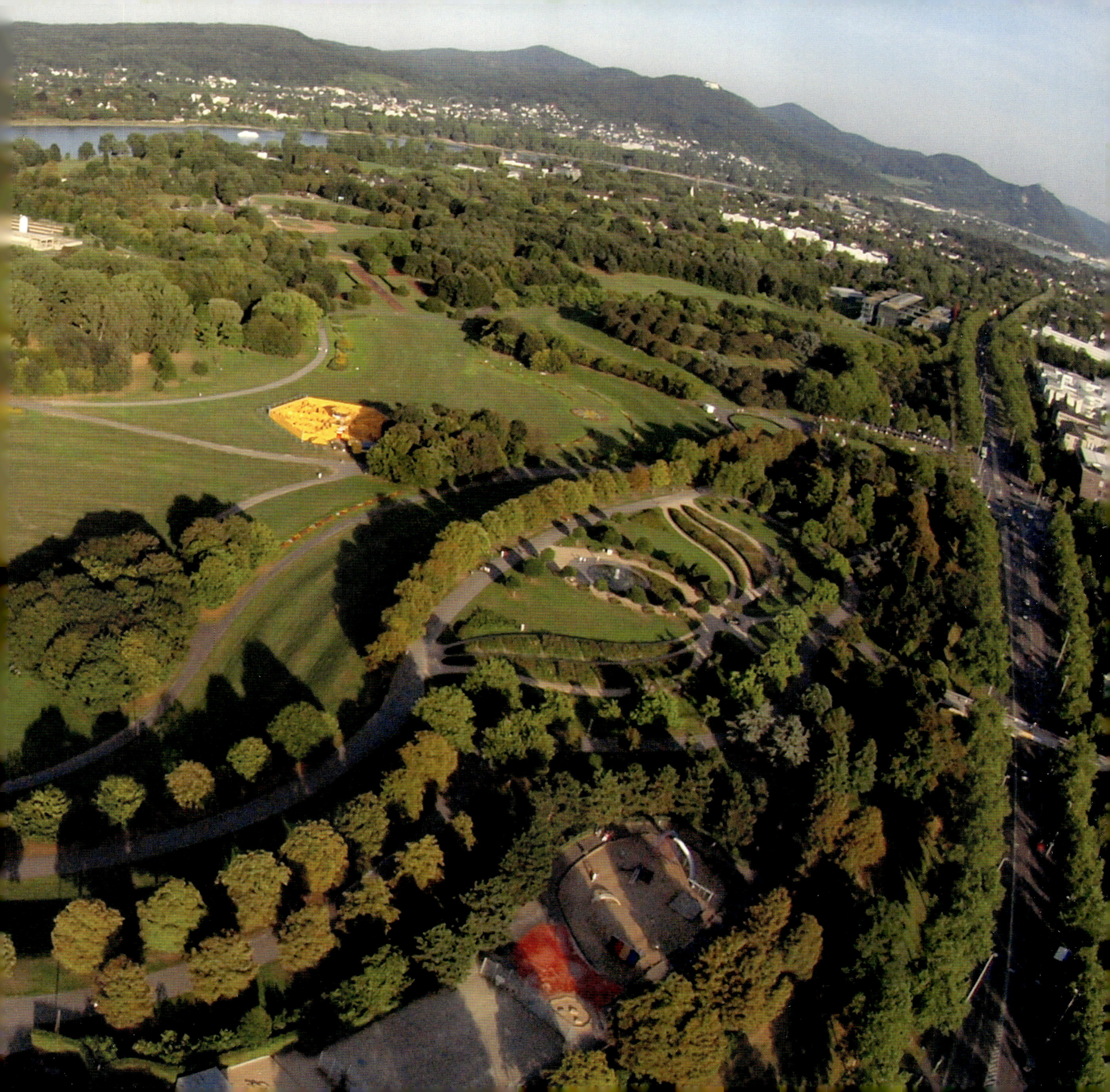

Was den Berlinern ihr Flughafen ist, ist den Bonnern ihr World Conference Center Bonn (WCCB). Baubeginn war 2007, aber der Zeitpunkt der Fertigstellung ist noch offen. Zahlreiche Prozesse begleiten die Geschichte des Objekts.

Der Posttower ist mit 162,5 Metern das höchste Gebäude in Nordrhein-Westfalen. Er wurde von 2000 bis 2002 gebaut. Eine Besichtigung, die zu besonderen Gelegenheiten möglich ist, lohnt nicht nur wegen des Blicks von oben.

Der frühere Kanzlerbungalow, 1963 gebaut, steht seit 2001 unter Denkmalschutz. Der klare, schlichte Bau wurde von den Bundeskanzlern unterschiedlich bewertet. Helmut Schmidt wohnte acht und Helmut Kohl sechzehn Jahre hier.

Im Vordergrund die Kunst- und Ausstellungshalle der Bundesrepublik Deutschland mit ihren markanten »Hütchen«. Dahinter das Kunstmuseum Bonn. Beide gehören zur sogenannten Museumsmeile Bonn.

Am sogenannten Bonner Bogen stand früher eine Zementfabrik, von der Direktorenvilla, Rohmühle und Wasserturm erhalten sind. Archäologische Funde vor dem Hotel Kameha Grand Bonn fielen einer weiteren Bebauung zum Opfer.

Eine etwas ungewöhnliche Perpektive: Badevergnügen auf dem Dach des Hotels Kameha Grand Bonn.

Die Kommende Ramersdorf (heute ein neugotischer Bau, der nichts mehr mit dem mittelalterlichen Original gemein hat) sollte zunächst dem Autobahnbau weichen, eine Bürgerinitiative konnte dies aber in den 1970er Jahren verhindern. Wer möchte, hat die Möglichkeit, auf der Kommende vor romantischer Gebäudekulisse zu heiraten.

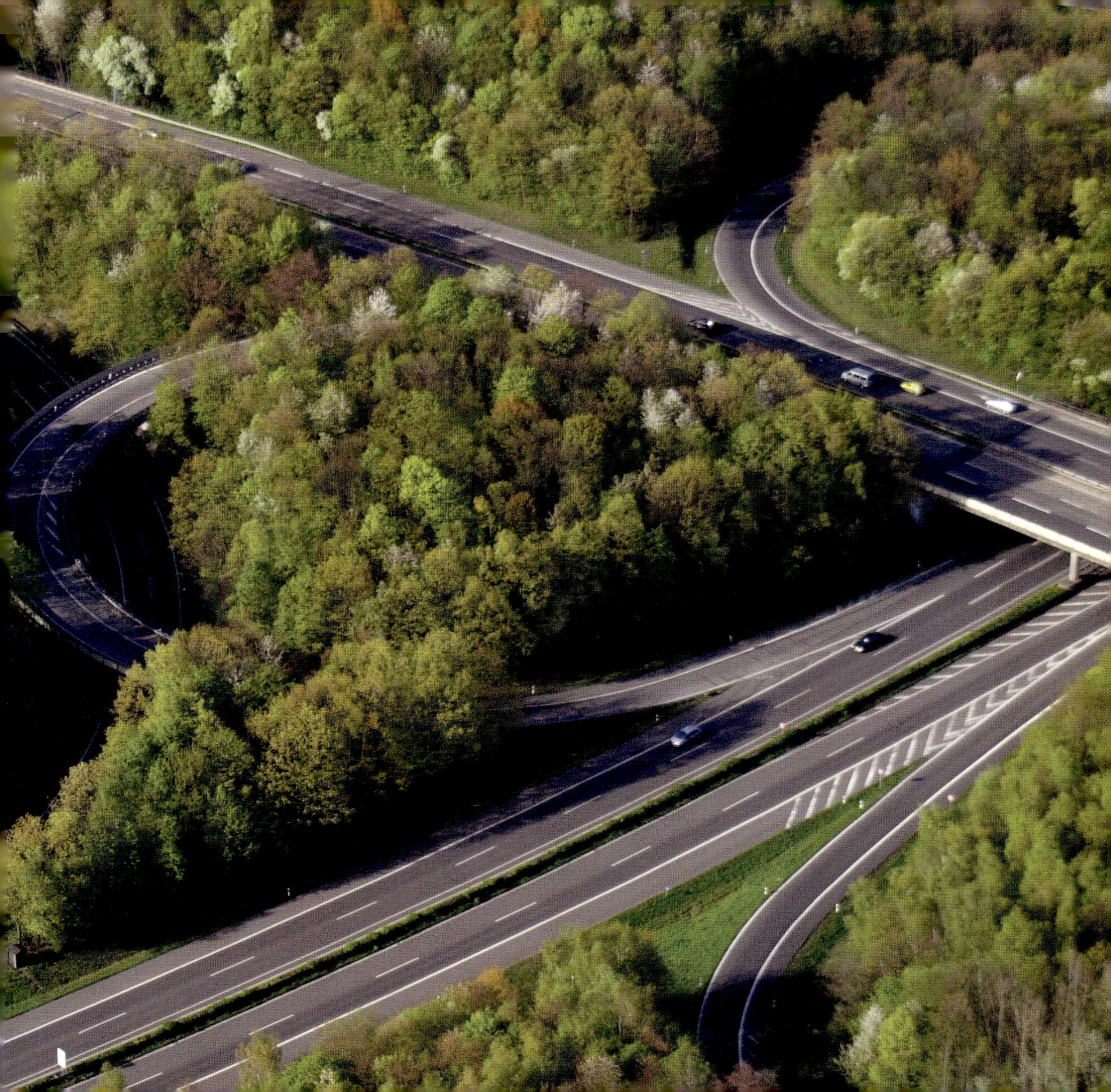

Links oben: Graurheindorfer Burg, ein privates Herrenhaus unter Denkmalschutz aus dem 18. Jahrhundert.

Rechts oben: Die Wasserburg Lede wird privat bewohnt, man kann aber auch Teile des Baus für Veranstaltungen mieten.

Unten: Schloss Allner stand lange leer und drohte zu verfallen, bevor dort exklusive Eigentumswohnungen gebaut wurden.

Der Dornheckensee im rechtsrheinischen Ennert ist ein aufgegebener Steinbruch, in dem kleine seltene Quallen leben.

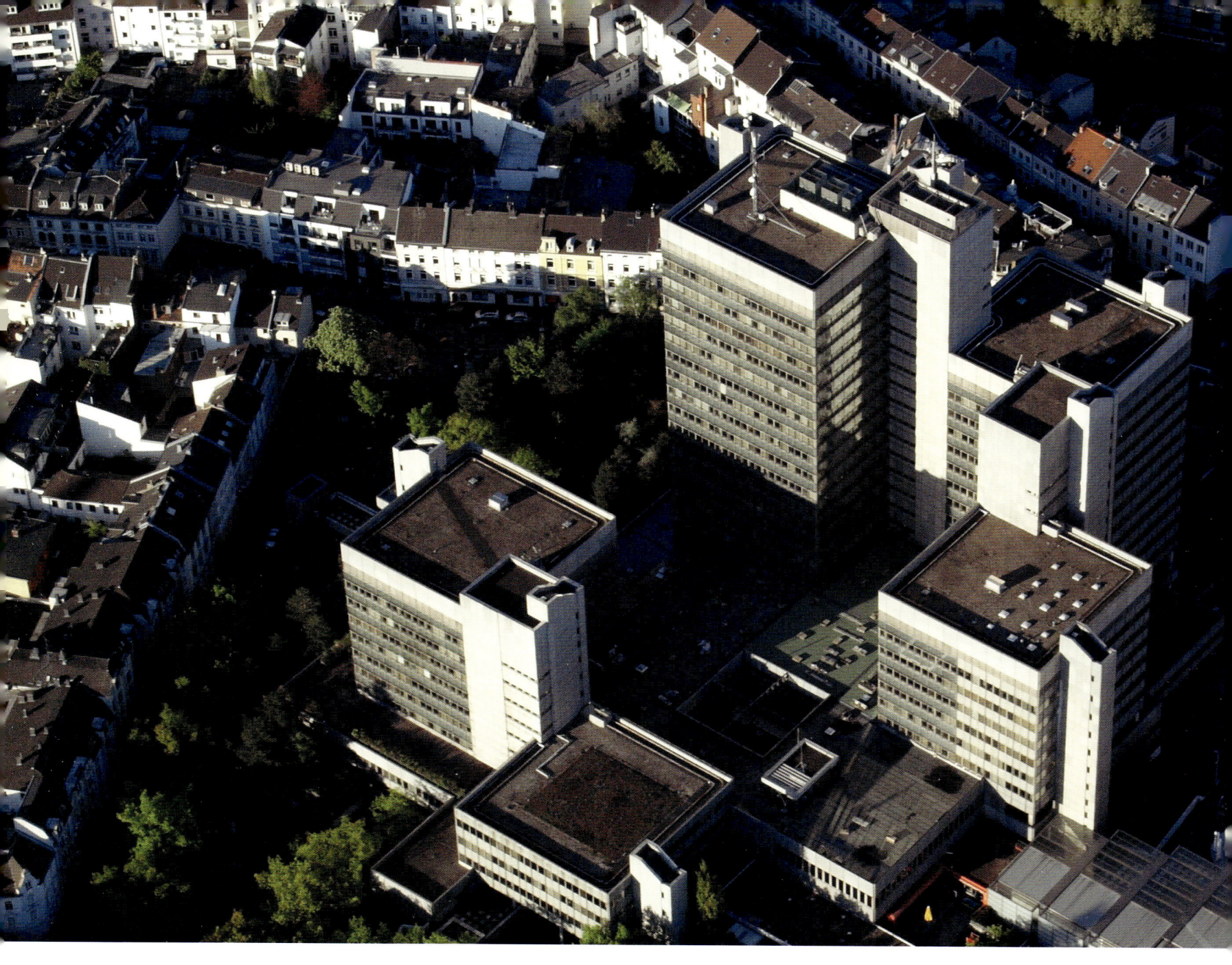

Oben: Das Bonner Stadthaus wurde zwar erst 1978 gebaut, aber schon wird darüber diskutiert, ob durch Abriss und Neubau oder eine Generalsanierung die Baumängel des Verwaltungsgebäudes in den Griff zu bekommen sind.

Rechte Seite: Blick auf das Bonner Münster, die evangelische Kreuzkirche, das Schloss und die Hofgartenwiese. Das Münster ist rund 900 Jahre älter als das Stadthaus und muss sich in Kürze auch einer Sanierung unterziehen.

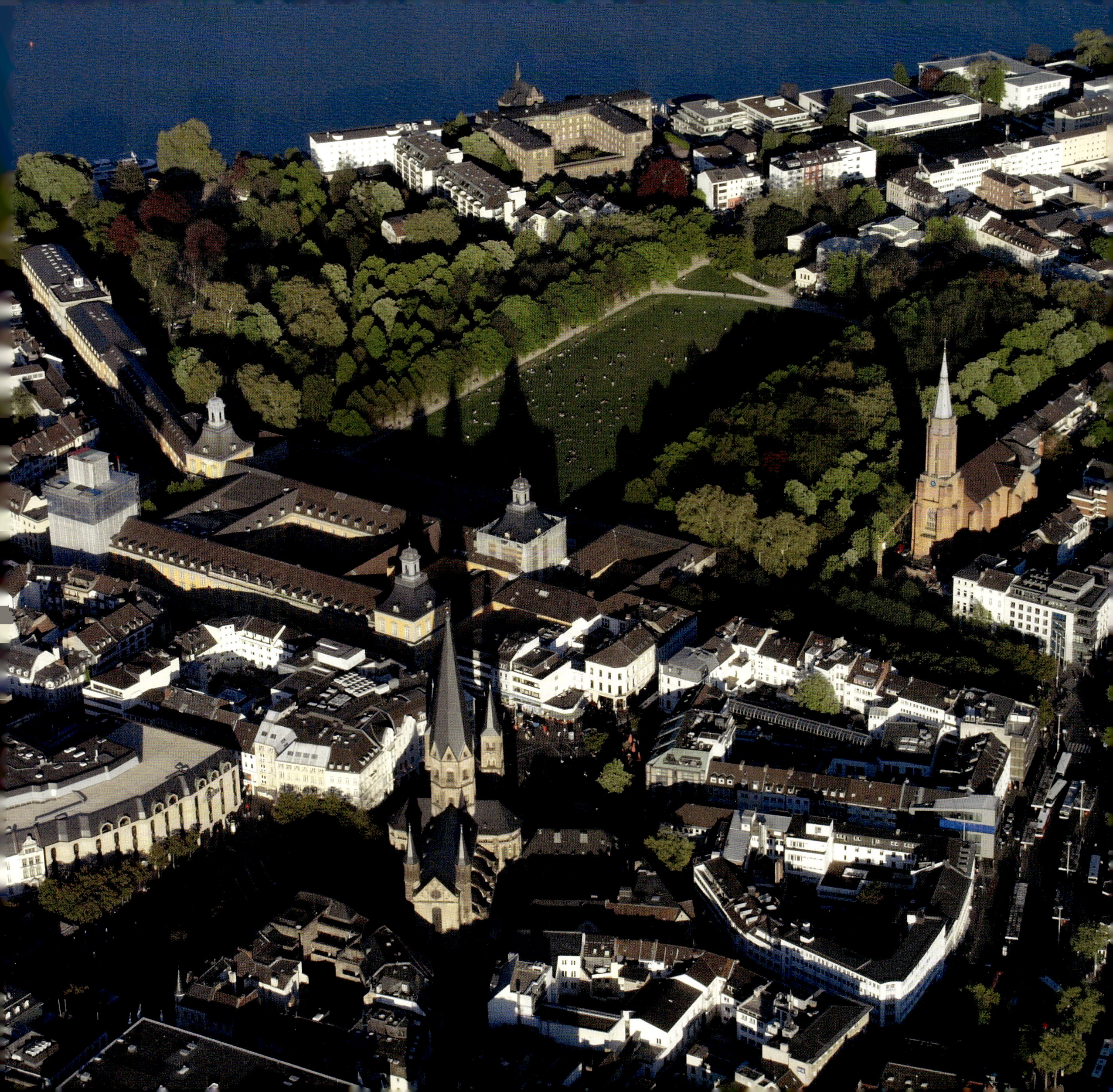

Im Innenhof des Poppelsdorfer Schlosses finden im Sommer Konzerte statt. Das Gebäude wird durch eine Vielzahl naturwissenschaftlicher Institute genutzt.

In der Nähe des Poppelsdorfer Schlosses entsteht der Campus Poppelsdorf der Rheinischen Friedrich-Wilhelms-Universität Bonn. Weitere Gebäude mit einer Gesamtinvestitionssumme von 850 Millionen Euro werden folgen.

Der Warenumschlag am Bonner Hafen steigt kontinuierlich. Um die hundert Container werden hier täglich bewegt.

In der Müllverbrennungsanlage Bonn, die momentan um einen großen Müllbunker erweitert wird, landet alles, was die Bonner nicht mehr mögen.

Die Friedrich-Ebert-Brücke, auch Nordbrücke genannt. Ihre Eröffnung erfolgte 1967. Eine Grundsanierung ist für die nächsten Jahre geplant und kann bis zu vier Jahre in Anspruch nehmen.

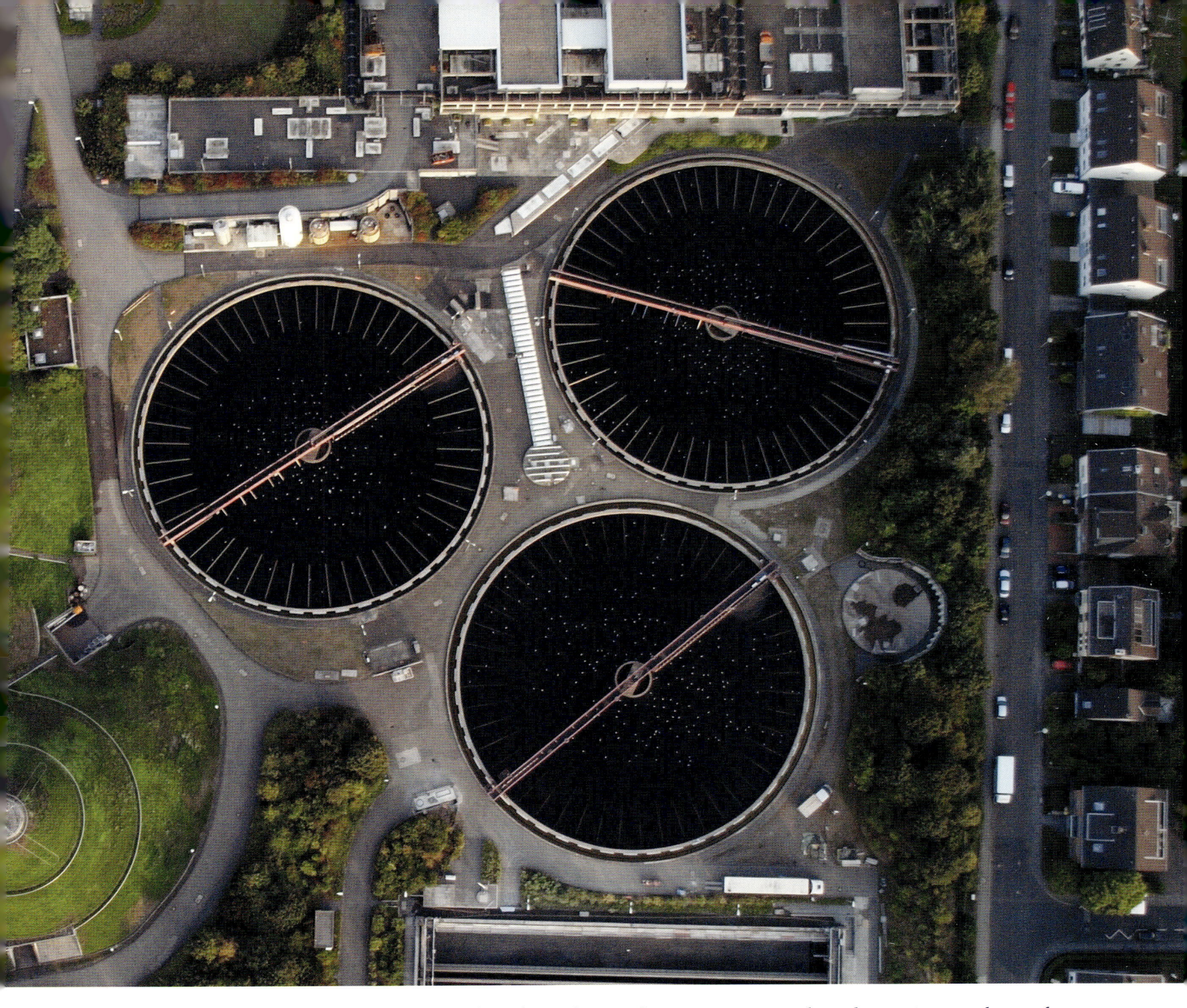

Südlich des Hafens befindet sich die Bonner Kläranlage, die seit ihrem Bau 1934 mehrmals erweitert und umgebaut wurde. An einem regenfreien Tag gelangen ca. 410 Liter Abwasser pro Sekunde über die Kanalisation hierher.

Landschaftsidylle, Weltkulturerbe und Industrie

Die Hügellandschaft, die der Rhein von Koblenz bis Bonn durchfließt, endet bei Bonn unvermittelt. Oberhalb der Siegmündung beginnt die Kölner Bucht mit ihren fruchtbaren Böden. Genau an dieser Mündung geht der Mittelrhein in den Niederrhein über. Nur schwer vorstellbar, dass dieses Gebiet einmal Meeresgrund war.

In Brühl, kurz vor den Toren Kölns, liegen die Schlösser Augustusburg und Falkenlust, die durch eine lange Allee miteinander verbunden sind. Die prachtvolle barocke Anlage darf seit 1984 den Titel »UNESCO-Welterbe« tragen. Der Ursprung dieser weitläufigen Anlage geht bis ins 13. Jahrhundert zurück. Der aufwändig angelegte Schlosspark von Brühl ist mit seiner symmetrischen Gartenarchitektur und seinem bis zu 300 Jahre alten Baumbestand erst aus der Luft richtig zu erfassen.

Nur wenige hundert Meter weiter östlich am Rhein gelegen — der Kontrast könnte kaum größer sein — sind die Raffinerieanlagen der chemischen Industrie angesiedelt. Große Pipelines, die pro Jahr viele Millionen Tonnen Erdöl aus Wilhelmshaven und Rotterdam liefern, enden hier in den Raffinerien zur Weiterverarbeitung.

Doppelseite (S. 105–106): Schloss Augustusburg mit seinem Barockgarten ist UNESCO-Welterbe.

Doppelseite (S. 107–108): Die Sieg mit einer ihrer typischen Windungen.

Doppelseite (S. 109–110): Nach einer Länge von 155 Kilometern mündet die Sieg in den Rhein, der von hier aus bis zu seiner Mündung in die Nordsee nur noch 55 Meter Gefälle vor sich hat.

Doppelseite (S. 111–112): Blick auf Köln mit dem Dom und den städtischen Grüngürteln, für die sich Konrad Adenauer eingesetzt hat.

S. 113: Die Silhouette von Köln im Abendlicht.

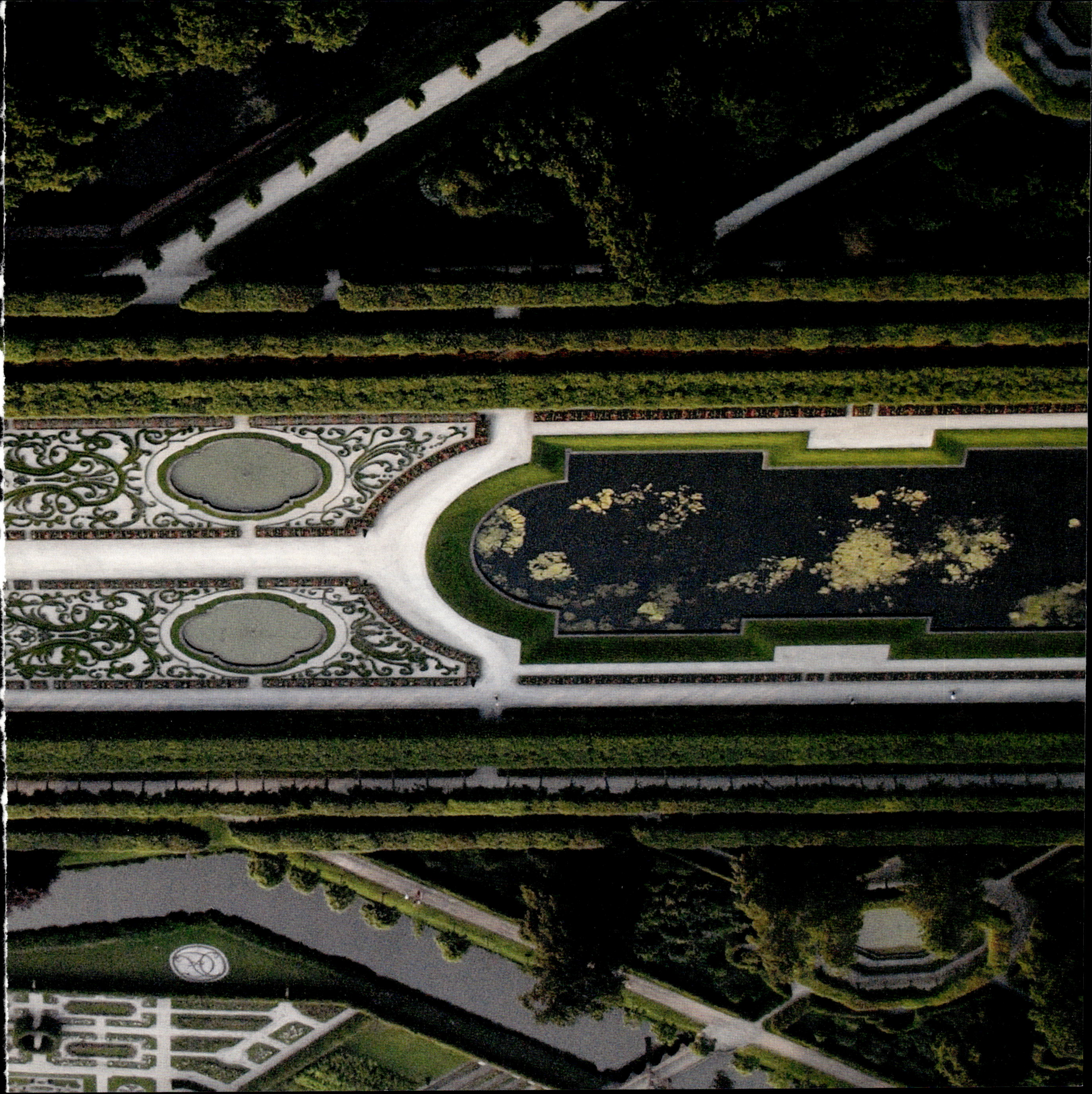

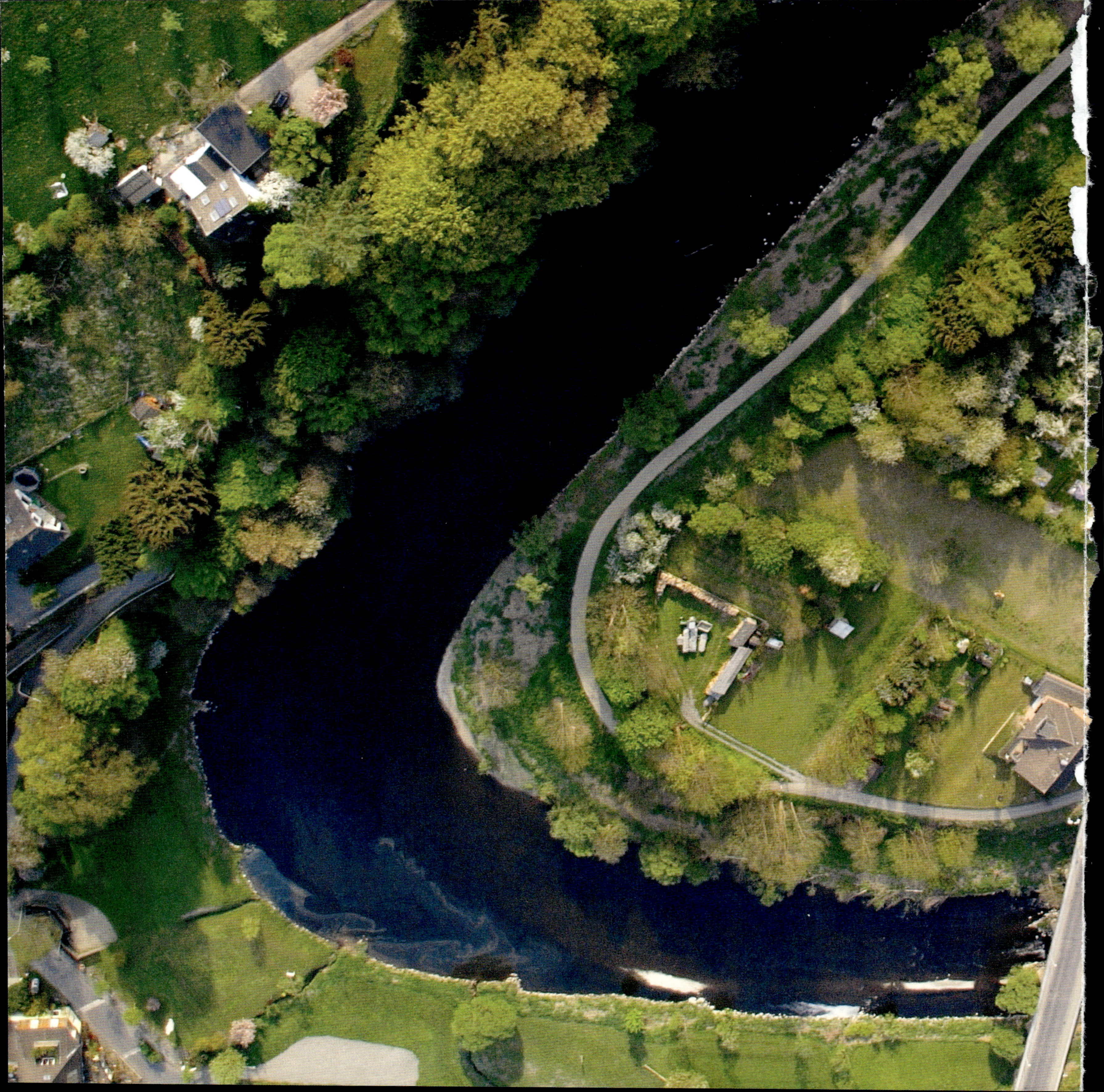

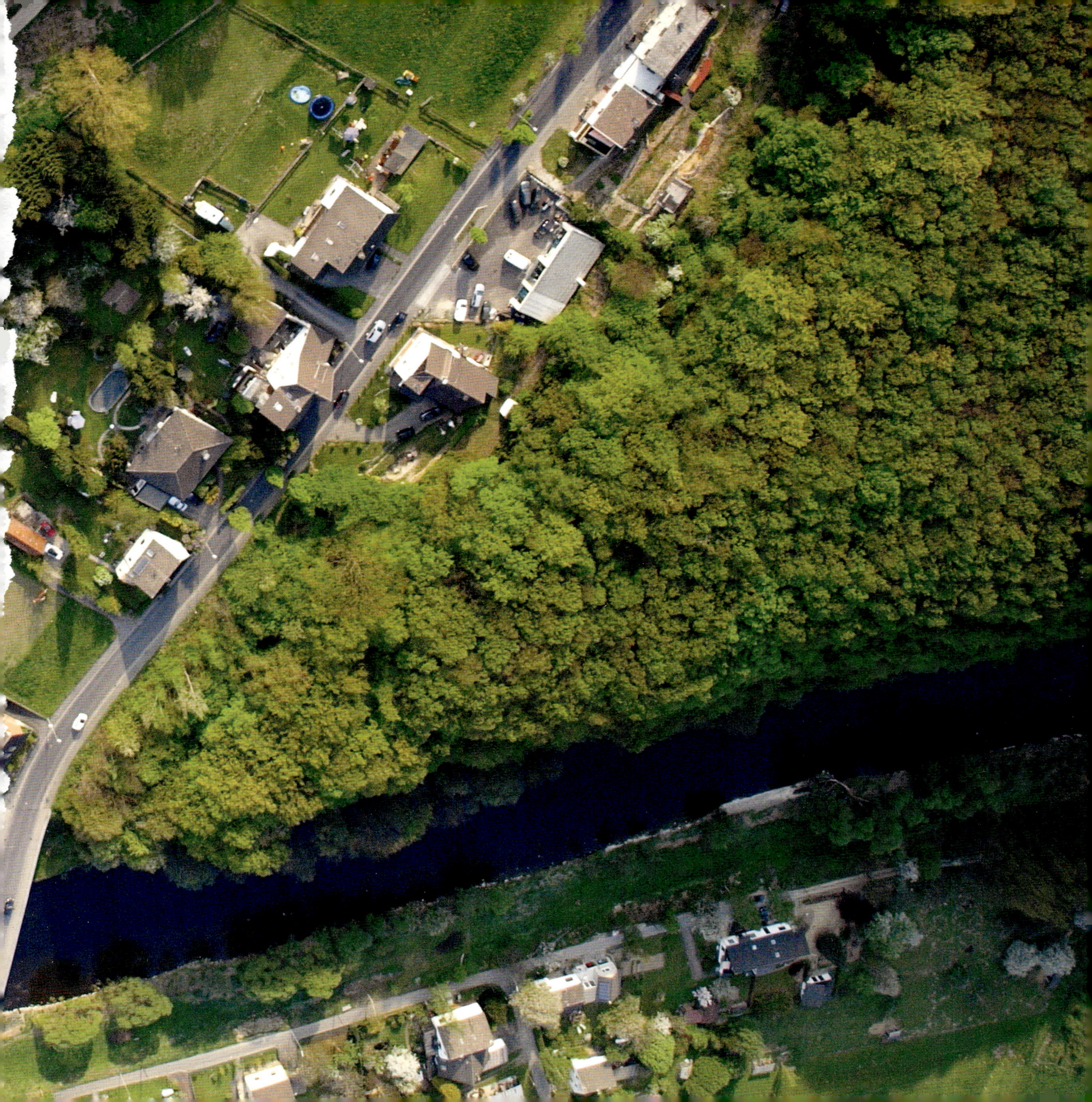

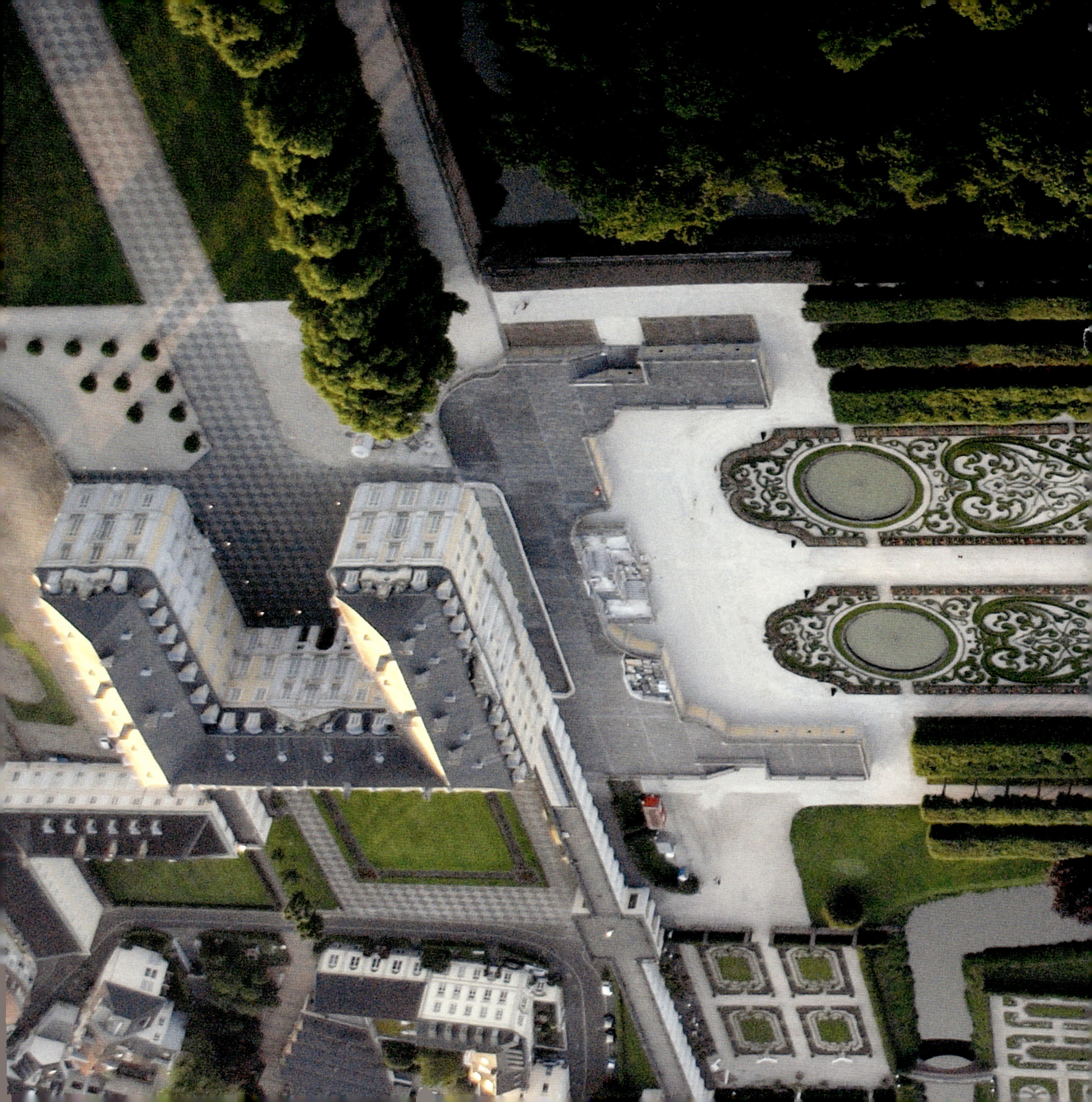

Schloss Falkenlust in der Senkrechtansicht. Die Aussichtsplattform auf dem Dach diente als Beobachtungspunkt während der Falkenjagd.

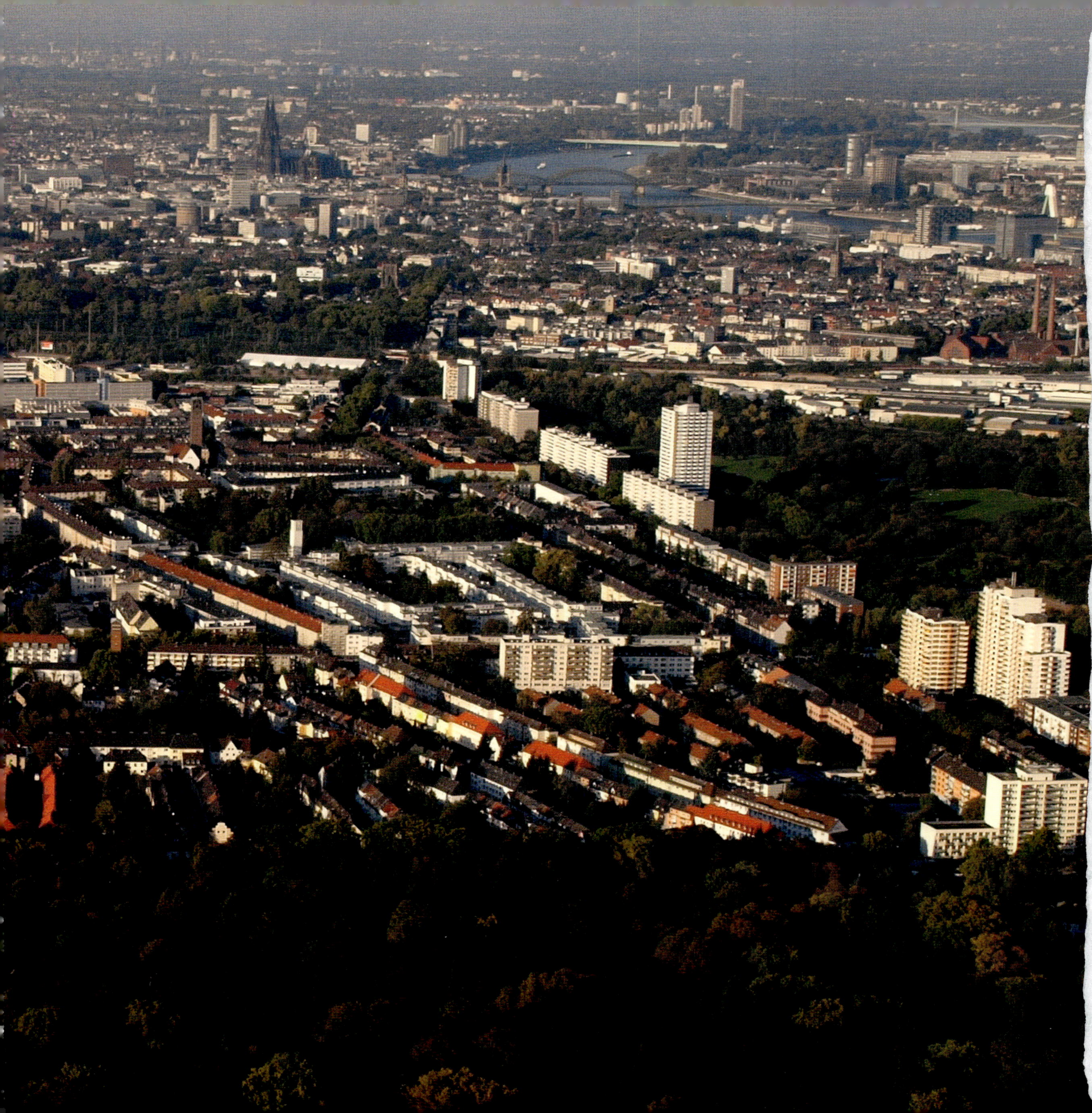

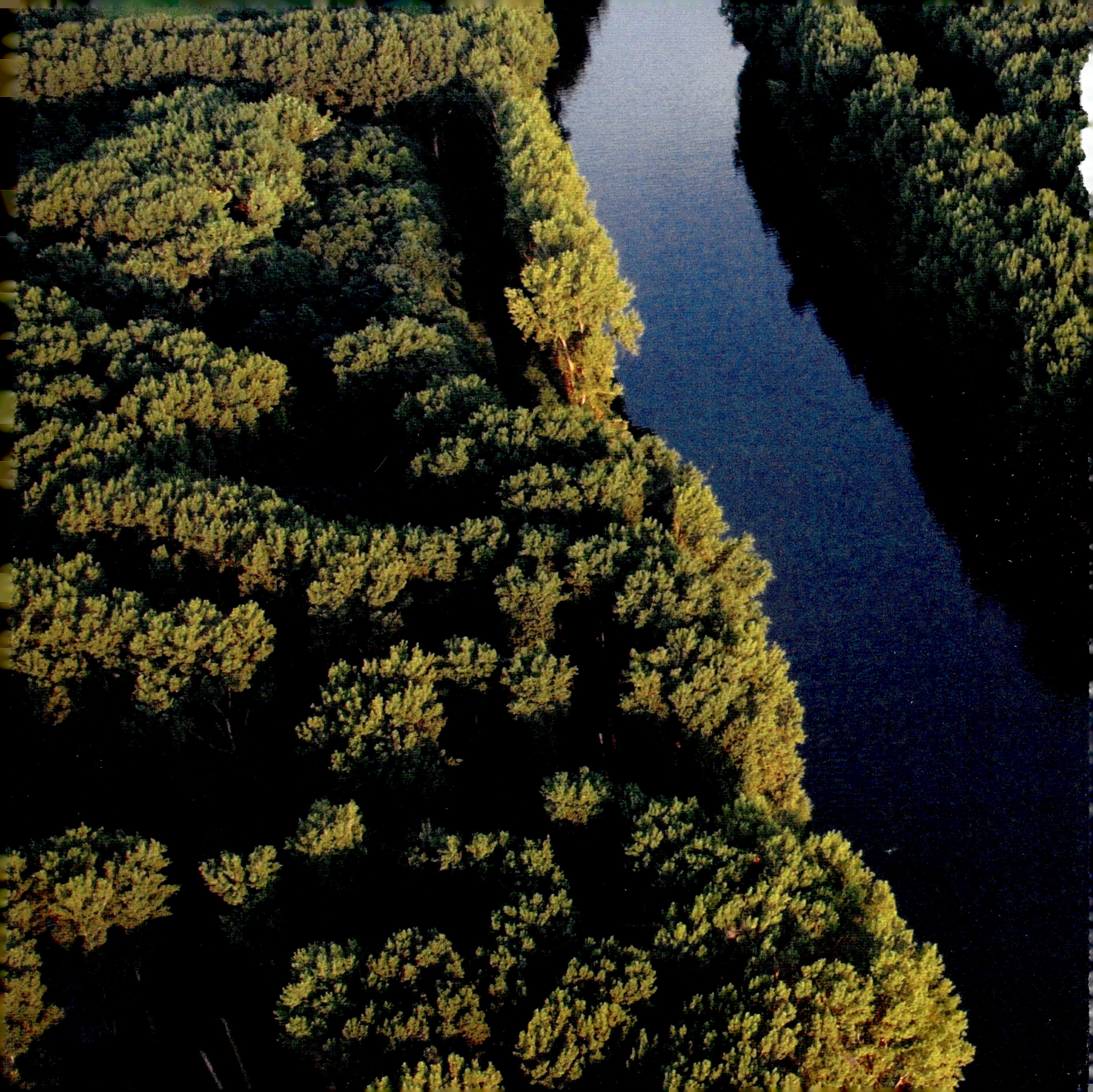

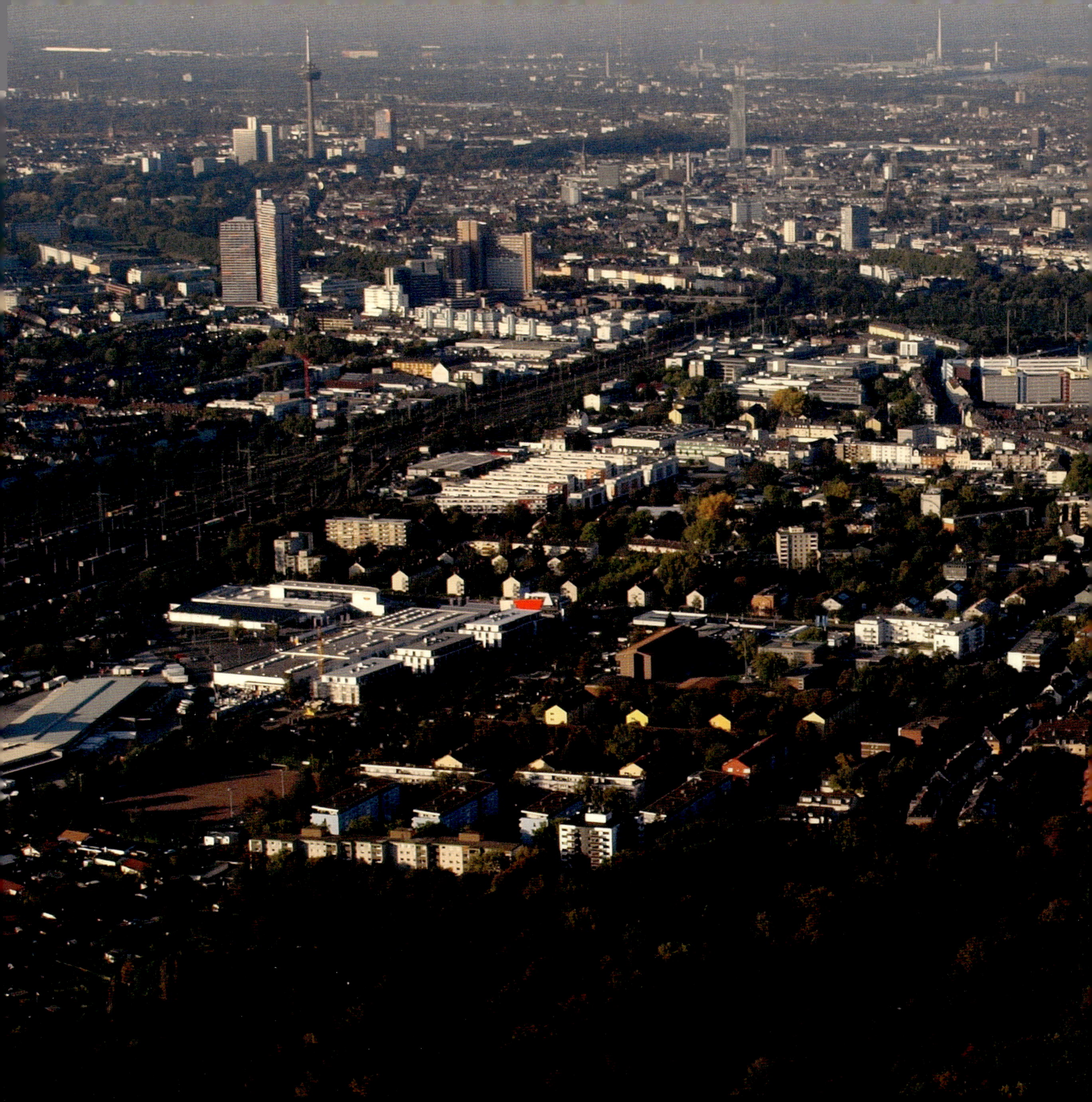

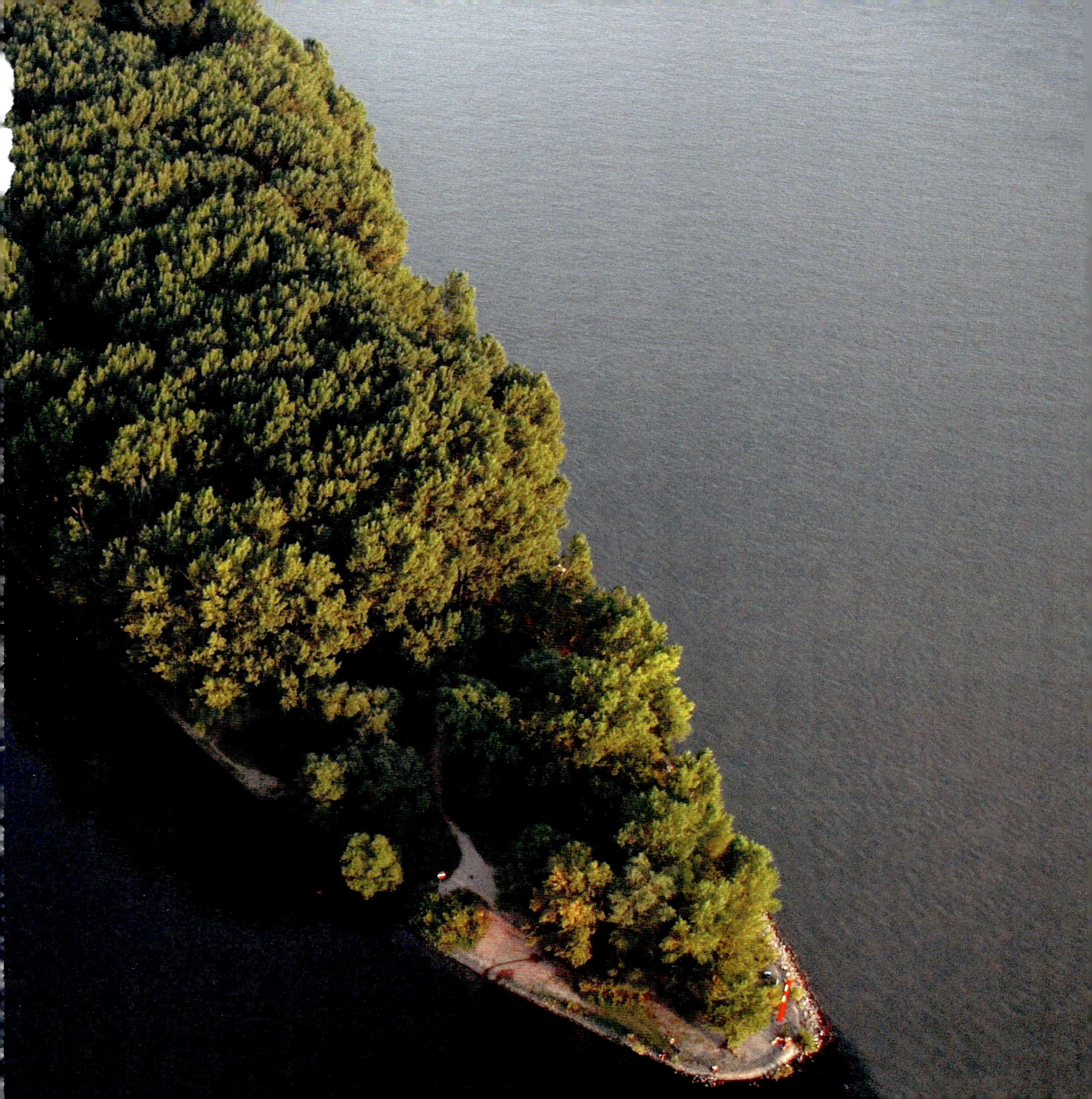

In Wesseling und Godorf, südlich von Köln, befinden sich chemische Industrie und Raffinerieanlagen, die über große Pipelines beliefert werden.

Oben links: Einen schönen Biergarten mit Gaststätte findet man auf Burg Mauel bei Windeck.

Oben rechts: Burg Dattenfeld wurde ursprünglich als Pfarrhaus errichtet.

Unten links: Die Schallenburg bei Brühl ist eine wunderschön gelegene Wasserburg, die heute noch bewohnt wird.

Unten rechts: Burg Windeck wurde nach ihrer Aufgabe als Steinbruch genutzt und dadurch noch mehr zerstört.

Die Burg Rennenberg oberhalb von Linz am Rhein ist weitgehend unbekannt, da sie sich im Wald versteckt und nur durch einen längeren Fußweg zu erreichen ist.

*Das Siegtal in der Nähe der
Stadt Blankenberg.*

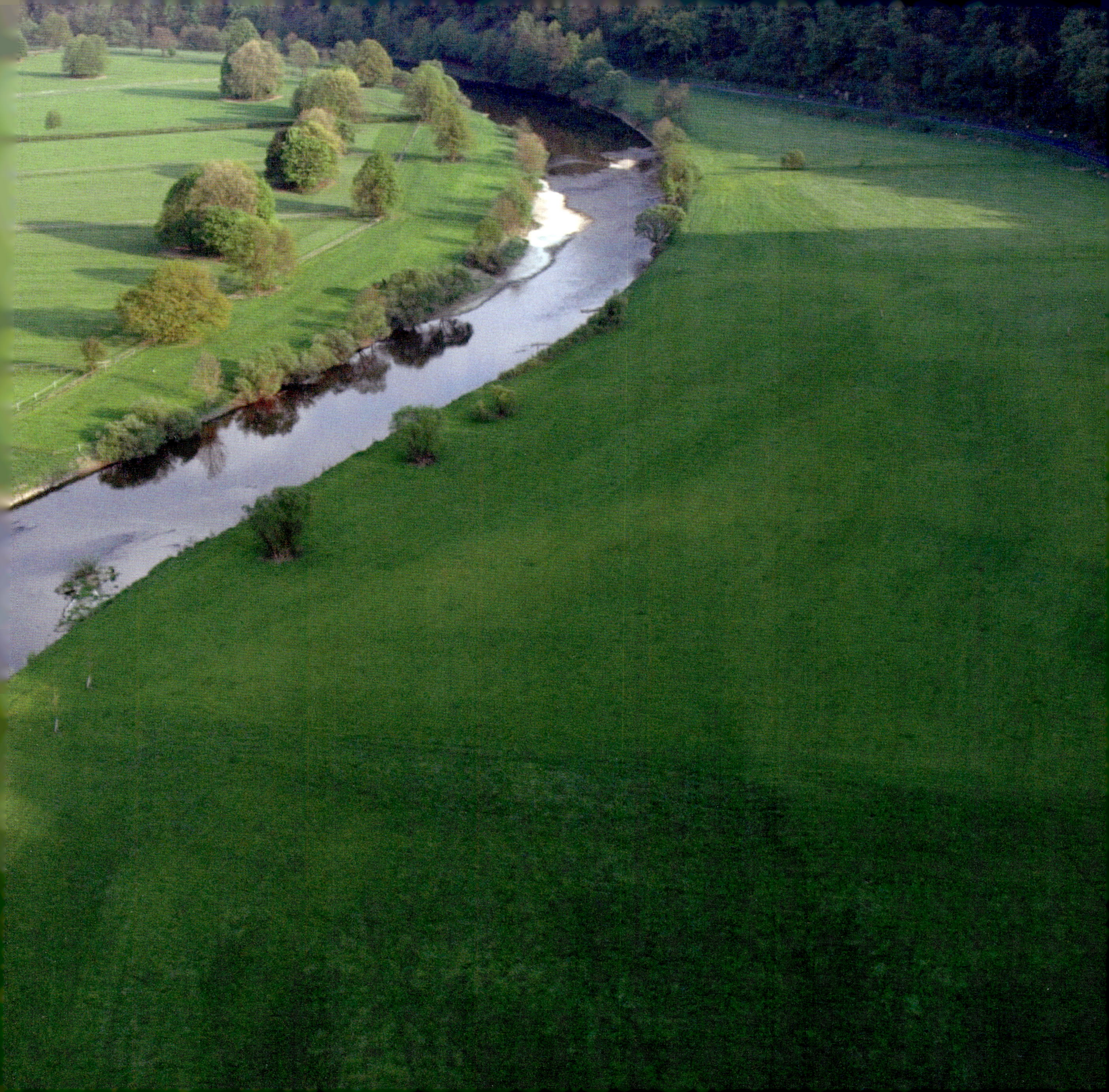

Das Hanfbachtal mit der Stadt Hennef im Hintergrund. Hennef ist eine der am stärksten expandierenden Städte in der Region.

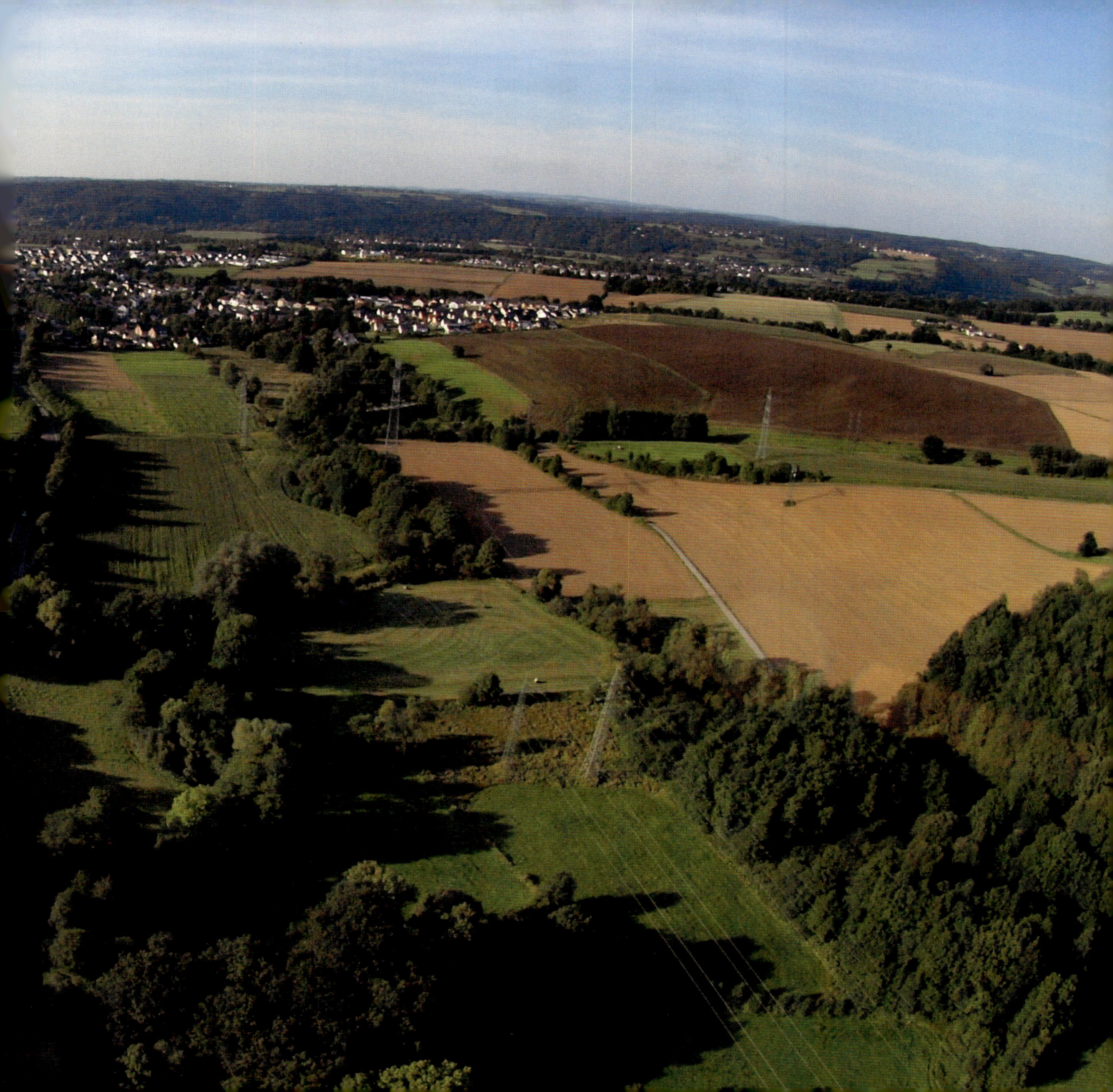

Grafik aus der Luft: Linien und Strukturen

In unserer über viele Jahrhunderte gewachsenen Kulturlandschaft gibt es fast keinen Bereich, der nicht vom Menschen gestaltet und verändert wurde. Selbst viele Wälder weisen geometrische Strukturen auf. Felder bestehen aus der Luft betrachtet aus schnurgeraden Linienmustern und wirken wie Testbilder oder Flickenteppiche. Dabei verändern sich diese Muster ständig. Das Spannende und Schöne an unseren Breitengraden ist, dass die vier Jahreszeiten ständig für Abwechslung sorgen. Neben der Landschaft und der Landwirtschaft bieten Industrie, die Infrastruktur eines Landes und auch Lebewesen von oben überraschende Motive.

Die Luftgrafik ist ungewollte Kunst und meist selbsterklärend. In ihrer vollen Schönheit, vielfach Ruhe und Klarheit ausstrahlend, sind die Linien und Strukturen nur aus der Luft zu erkennen und für Fußgänger oft unsichtbar – auf den folgenden Seiten ergibt sich nun die Möglichkeit, an diesem einmal anderen Blickwinkel auf unsere Region teilzuhaben.

Im Frühjahr leuchten die Rapsfelder rund um das Siebengebirge.

Von oben gesehen, bildet selbst der Wald von Menschenhand gestaltete Muster.

Wie winzig der Mensch ist, fällt von oben bei vielen Gelegenheiten auf.

Obstbaumkulturen bei Oberpleis bilden schöne Muster.

Bei Berghausen wird die große weiße Fläche nur durch filigrane Bäume unterbrochen.

Golfanlagen verwandeln sich bei niedrigem Sonnenstand zu schönen Reliefs.

Der Herbst lässt herabgefallenes Laub wie Puder wirken.

Diese Seite: Schlittschuhläufer auf einem gefrorenen See der Bonner Rheinaue. Rechte Seite innen: Das jährlich stattfindende Schwimmen der DLRG Bad Honnef-Unkel e.V. von Linz bis nach Bad Honnef. Rechte Seite außen: Fußballspieler auf den Wiesen der Rheinaue.

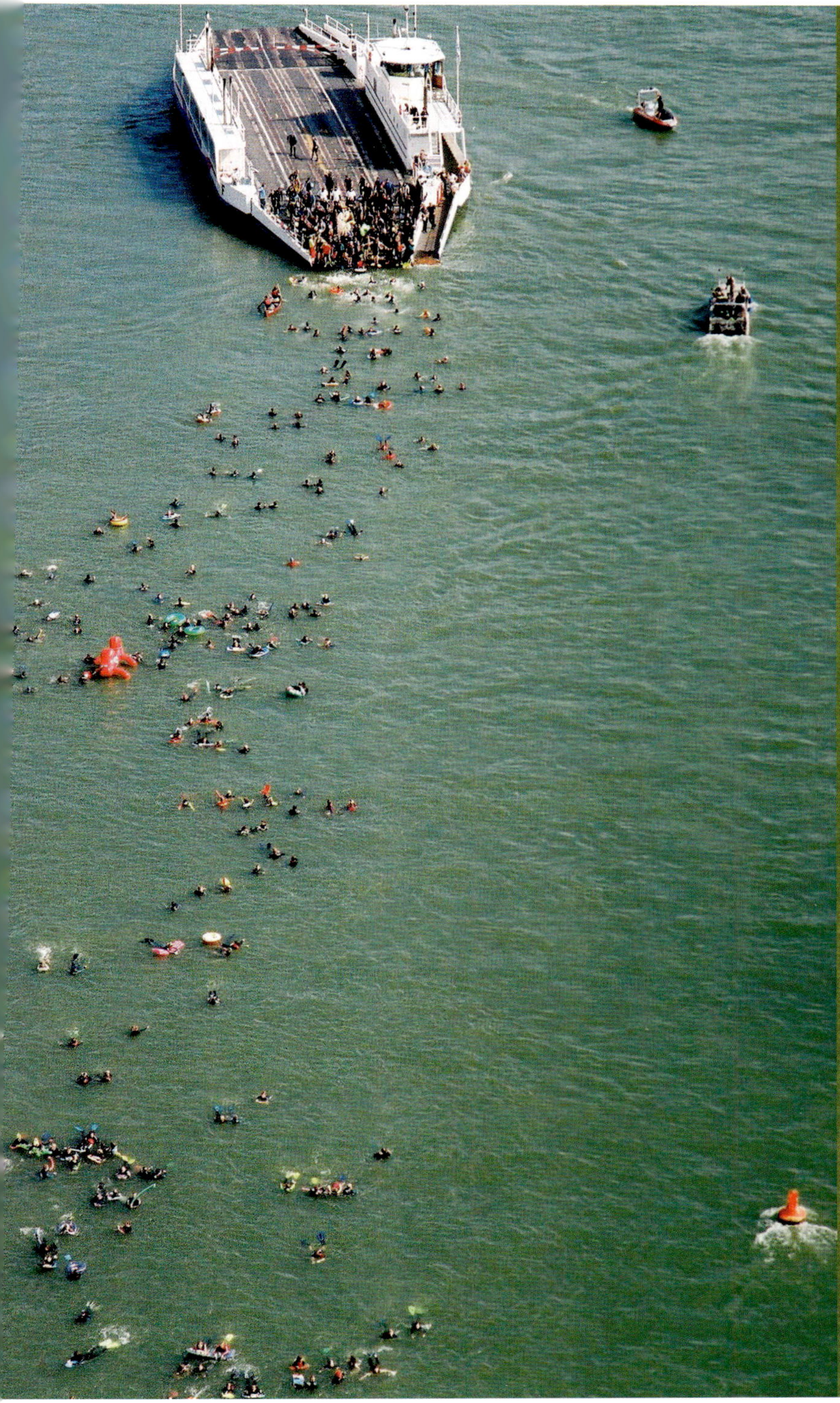

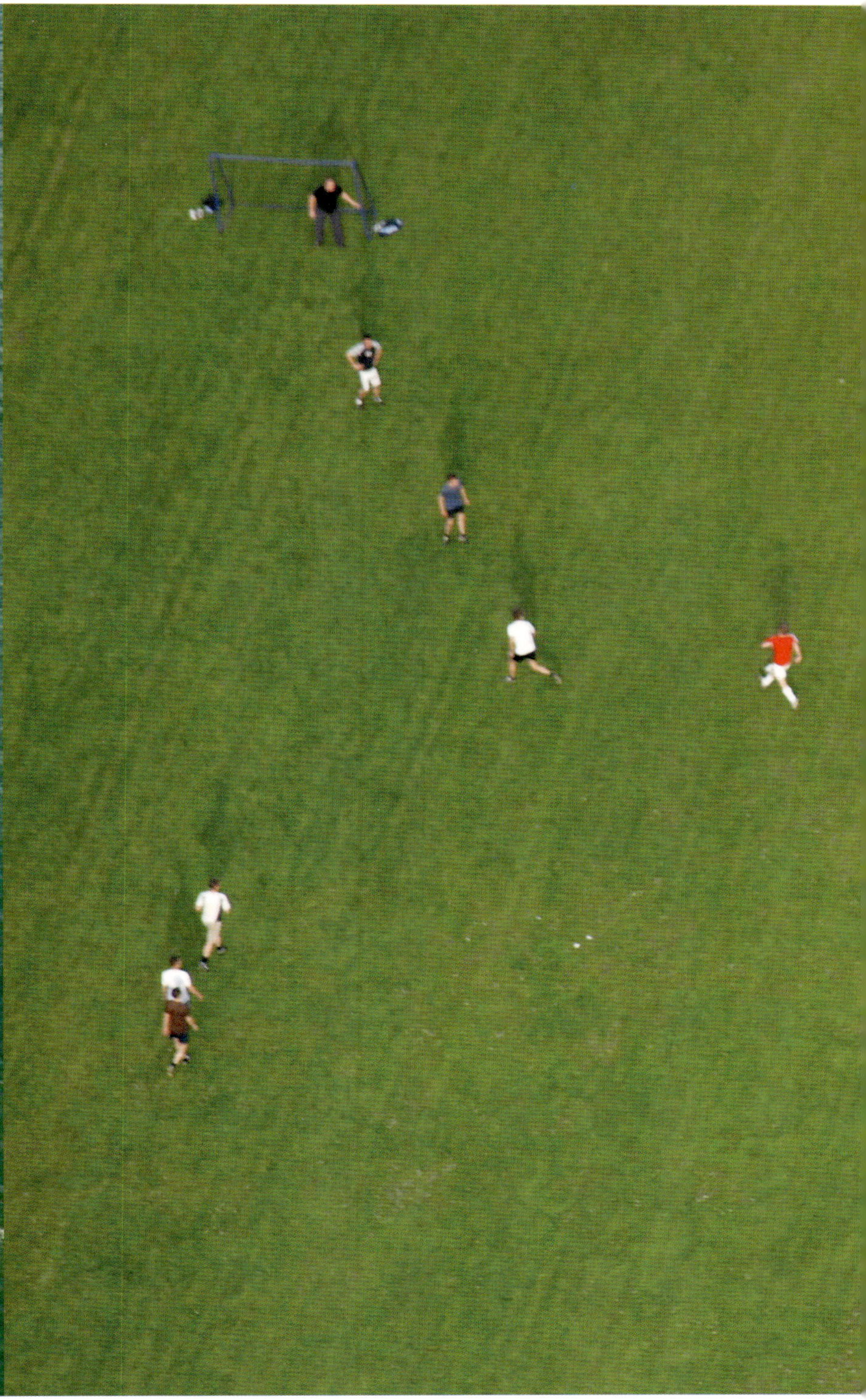

Landwirtschaft produziert Muster aus Pflanzen und nach deren Weiterverarbeitung ... oder, weniger statisch, mit Tieren.

133

Die Reifen verhindern, dass die Folien auf der Silage vom Wind verweht werden.

Im Frühling zeigen sich die Baumschüler in prächtigen Farben.

Die organische Form der Landschaft zwingt die Straße in einen »Flusslauf«.

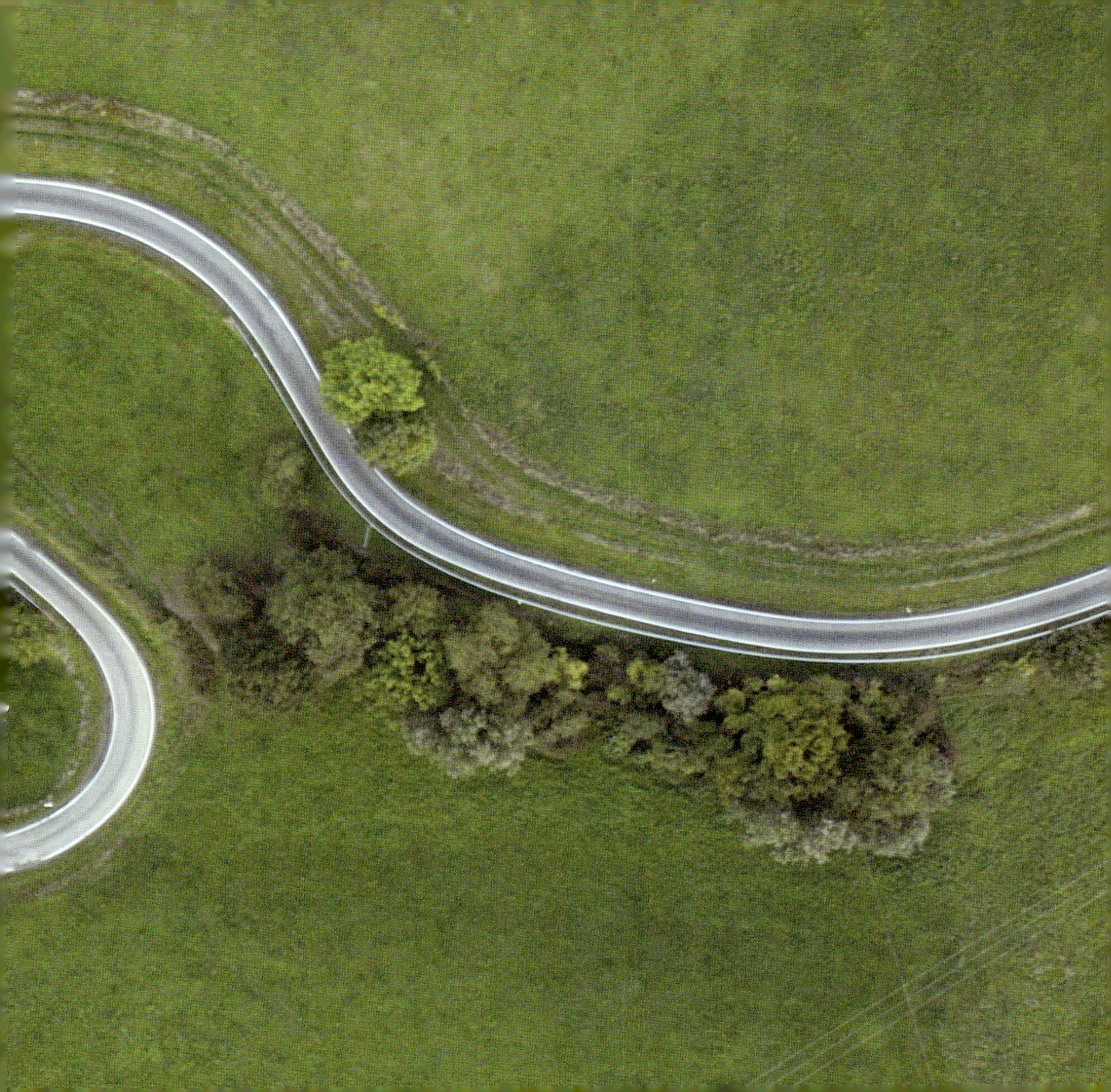

Der Autoverkehr verursacht Muster ...

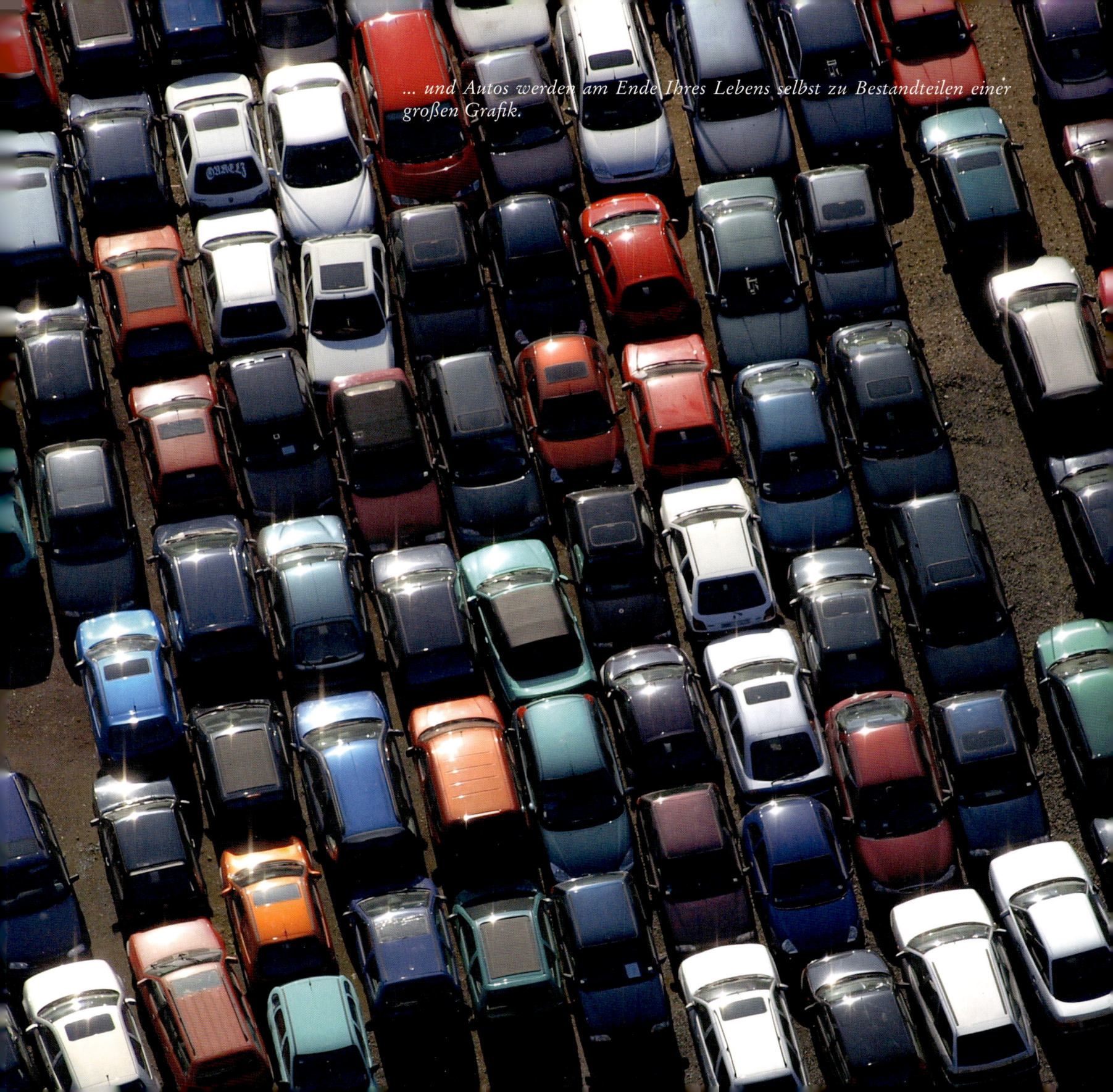

... und Autos werden am Ende Ihres Lebens selbst zu Bestandteilen einer großen Grafik.

Naturprodukt Holz (bei Oberhonnefeld).

Weißblechrollen bei Andernach. ThyssenKrupp Rasselstein GmbH ist der einzige deutsche Hersteller.

Der Sand- und Kiesabbau reicht schon bis auf wenige hundert Meter an die Schlösser Augustusburg und Falkenlust heran.

Abstellgleise bei Berzdorf — der Ort zwischen Brühl und Wesseling ist ein wichtiger Standort für den Güterverkehr.

Diese und rechte Seite: Bei Brühl — früher Meeresboden, heute Sandabbau, in Zukunft wieder See.

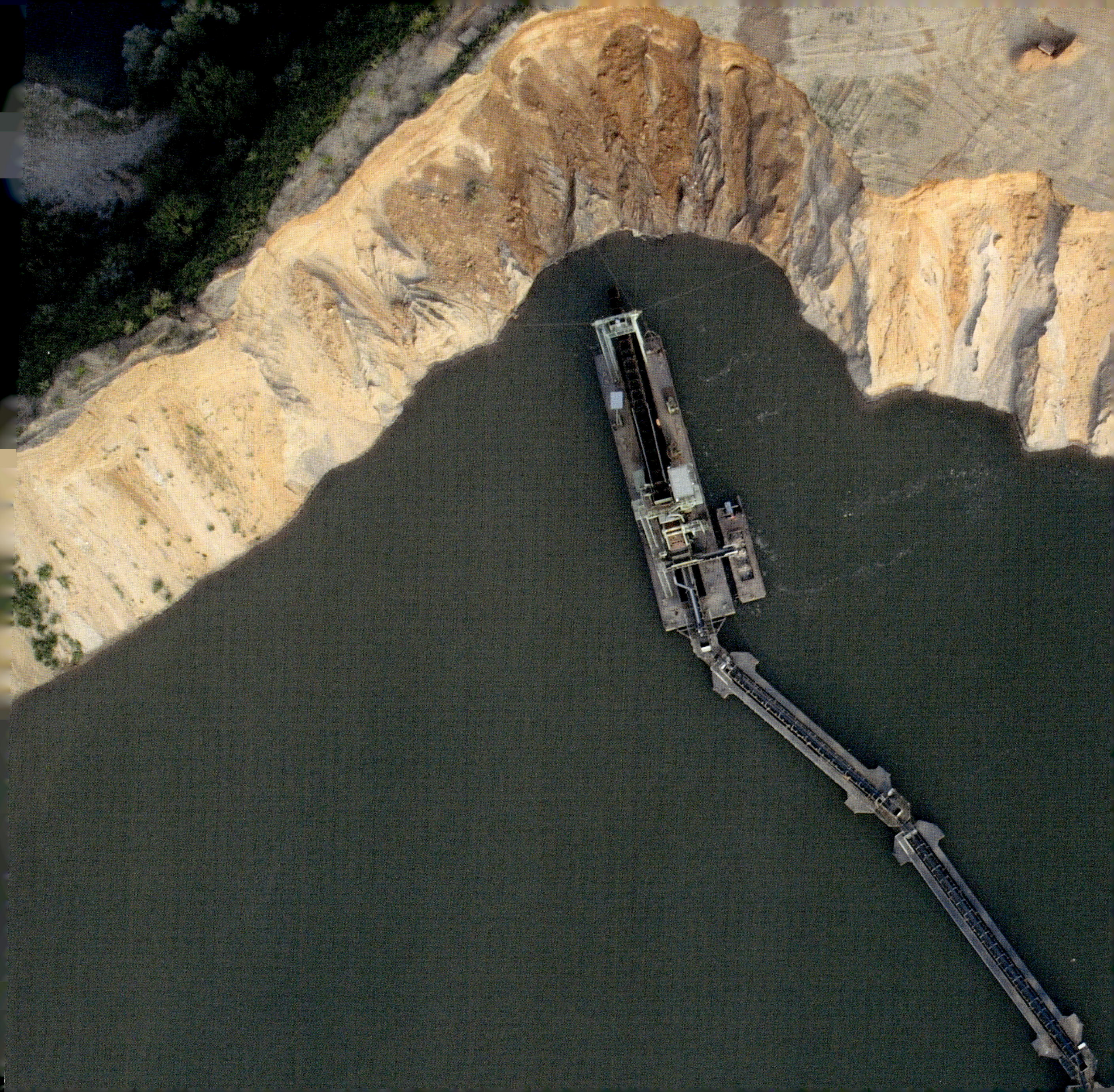

Die Schönheit eines unbegradigten Bachlaufs, der sich seinen Weg gesucht hat, zeigt sich besonders in der Draufsicht.

Containerschiffe mit ihren farbigen Behältern sind die »Paketzustellung« für Rheinhäfen an dem großen Strom.

Flug mit Blick über eine Siegschleife.

Ortsbildregister

Die eingekreisten Ziffern hinter den Orten finden sich zur Orientierung auf der nebenstehenden Karte wieder. Die rechts davon stehenden Zahlen verweisen auf die entsprechenden Seiten im Buch.

Abtei Maria Laach ⑯ 43–44
Ahrmündung ⑲ 49–50
Andernach ⑫ 40
Aremberg (Eifel) ⑥ 33
Bad Godesberg ㊲ 78–81
Bendorf ⑤ 36
Bonn ㊳ Vorsatz, 76–77, 82–89, 96–103
Bonner Bogen ㊴ 90–91
Brühl ㊺ 105–106, 114
Burg Dattenfeld ㊿ 116
Burg Eltz ④ 32
Burg Mauel ㊾ 116
Burg Namedy ⑧ 36
Burg Ockenfels ㉓ 53
Burg Rennenberg ㉒ 117
Burg Rheineck ⑰ 45–46
Burg Windeck (51) 116
Burg(ruine) Hammerstein ⑱ 47–48
Dornheckensee ㊹ 95
Drachenfels ㉛ 65–66, 70–71
Erpeler Ley ⑳ 54–55
Eulenberg (Westerwald) ⑮ 51
Grafenwerth ㉖ 56–57
Graswerth ③ 29–30
Graurheindorfer Burg ㊶ 94
Hanfbachtal ㉟ 74–75, 120–121
Klosterruine Heisterbach ㉜ 67–68
Koblenz ① 18–28
Köln (Fernblick) ㊻ 111–113
Kommende Ramersdorf ㊵ 92–93
Linz ㉑ 52
Löwenburg ㉝ 69
Mülheim-Kärlich ⑪ 39
Neuwied ⑩ 38
Niederwerth ② 31
Nonnenwerth ㉕ 56–57
Nürburg(ring) ⑦ 34–35
Ölberg ㉞ 72
Petersberg ㊱ 73
Rodderberg ㉗ 58–59
Schallenburg (52) 116
Schloss Allner ㊸ 94
Schloss Arenfels ⑭ 42
Schloss Drachenburg ㉚ 62, 64
Schloss Engers ⑨ 37
Sieg ㊼ diese Seite, 107–110, 118–119, 148
Unkel ㉔ 53
Urmitz ⑬ 41
Wasserburg Gudenau ㉙ 61
Wasserburg Lede ㊷ 94
Wasserburg Odenhausen ㉘ 60
Wesseling ㊽ 115